AF437448

【当代华语世界口述历史丛书】

戴宝元文革回忆录

My Memories of the Cultural Revolution

戴宝元 著

Baoyuan Dai

博登书屋
Bouden House
New York

【当代华语世界口述历史丛书】

学术顾问：黎安友
主　　编：荣　伟
副 主 编：罗慰年

Academic Adviser：　Andrew J. Nathan
Chief Editor：　　　David Rong
Deputy Editor：　　　William Luo
Published by Bouden House, New York

My Memories of the Cultural Revolution

Baoyuan Dai

戴宝元文革回忆录

戴宝元　著

出版：博登书屋·纽约（Bouden House·New York）
邮箱：boudenhouse@gmail.com
发行：谷歌图书（电子版）、亚马逊（纸质版）
版次：2024 年 3 月 第一版 第一次印刷
字数：50 千字
定价：$25.00 美元

序　言

——为戴宝元文革回忆录

　　1966年毛泽东要打倒刘少奇为首的务实派（毛称走资派），无法无天煽动全国千百万年幼无知的学生造反，坐火车不要钱，吃饭不要钱，连续在北京接见全国 1200 万红卫兵，造成全国大乱，不惜煽动武斗死人，在乱中打倒走资派。在走资派被打倒后，又回过头来整肃学生，推他们上山下乡，形同流放劳改，美其名曰"接受再教育"，同时以清查所谓"516"为名，整肃所有造反派头头，即使像戴宝元这样清白温和的造反派，也被"秋后算账"，差一点被关进铁牢，被调查和审查了二年。

　　文革已过去 50 年，但造成死亡上千万人的文革浩劫，并未得到清算，发动文革的罪首未被定罪，红卫兵成了替罪羊，蒯大富等奉命造反的头头被判十多年。纵横为祸的恶犬江青虽被判罪，但其主人却依然逍遥法外。红卫兵深感先被骗被利用，后被遗弃被整，至今满头白发，心中仍愤愤不平，有屈难伸。孔子说："万方有罪，罪在朕躬，在予一人。"只有揭露批判造成文革浩劫的祸首罪行，挖其根源，才能"打倒阎王，解放小鬼。"但是新华社老记者杨继绳写的《天地翻覆》，真实写出文革真相，却不许出版。今天竟有的领导人还把"文革浩劫"，美化为"艰难探索"。

为文革罪首开脱，涂脂抹粉，开历史倒车。

戴宝元在文革是少有的冷静、理性的造反派，他回忆文革经历，反映当年少为人知的一些侧面，有回忆有反思，难能可贵。各人亲身经历不同，从文革走过来的，都值得回忆清理，写点反思，写点笔记，提高自己的思想境界。就是对文革最好的梳理和纪念。

锺闻

1/23/2020

（2019 年摄）

作序者锺闻，即邓仲文老师，广东南海人，当过兵，57 年考入北京矿院经济系，毕业后任政治辅导员。

1981 年随子女定居美国，给一家中文报纸当记者。退休后从事写作，著有"读史笔记""美国 400 年"等很有影响力的佳作。

目　　录

我在文革中做了些什么？

卷入文革

我的这本回忆录，名为《戴宝元文革回忆录》，主要写的是文革期间以及文革之后我的一些经历。开门见山，我就从文革写起。

1966 年 5 月 17 日康生夫人曹轶欧接见了北大哲学系总支书记聂元梓等人，听取了汇报，并表示支持聂等起来造校长陆平的反。（聂在口述回忆录中对此否认）。在四清时，聂元梓反对校长陆平，因此受到北京市委书记彭真的严厉批评，并要开除聂元梓的党籍，送去劳动改造。聂只好找了一个中央监委的五级干部结婚，才幸免于难。所以，文革一开始，曹轶欧就来北大接见聂，目的是煽风点火，向陆平乃至彭真开刀。

5 月 25 日，下午二点左右，聂元梓等七人贴出大字报："宋硕、陆平、彭佩云在文化大革命中究竟干了些什么？"（宋硕、彭佩云为北京市大学部部长）。但大字报刚贴出，就遭到了大批大字报的围攻。

6 月 2 日，《人民日报》全文刊登了聂的大字报，并发表了评论员文章：《欢呼北大的一张大字报》。毛主席批示道："全国第一张马列主义大字报和《人民日报》评论员的评论，写得何等好啊！"于是，各高校便沸腾起来了。我们北京矿院的"左"派们也纷纷效仿，贴出许多针对院党委的大字报。我们经 62-1 班的几个"左"派当然不甘落后，大字报矛头直指院党委，但没有什么具体内容，只是空喊口号，什么院党委是修正主义啦，必须打倒推翻啦……他们要求全班同学都签名，以班级名义贴出去。让他们没有想到的是，居然还有我和张建华两人拒绝签字。其实在前几天他们还在高呼：在院党委的正确领导下，如何如何。今天怎么一下子变成修正主义了呢。再说，你没有任何事实证据，就下结论是修正主义的，要打倒推翻，这不是昧着良心吗！？从逻辑上看也是错误的。我坚决拒绝签字。我认为首先要举出错误的事实证据，而不是空喊口号，乱扣帽子。

带头写打倒院党委大字报的那几个"左"派，见我不签字，居然暴跳如雷，什么你对文化大革命不理解啦，反对文化大革命啦等帽子满天飞。他们见我不以为然，就组织全班开批判会，还要求我做记录。我不仅不作记录，还在纸上乱画，画了一条小鱼，又画了一朵荷花。这下可把那几个"左"派分子气坏了。他们喝令我站起来，把画的东西示众，气势汹汹。见我无动于衷，坐着不动，就把我画的那张纸抢了过去示众，并叫嚷："大家看看，他画的是什么东西"！企图激起大家的情绪，对我群起而攻之，但响应者寥寥无几。后来我才知道，他们把那张纸装入了我的档案，企图秋后再算账。

5 月 29 日，清华附中的十几个学生在圆明园开会，商定以"红卫兵"的署名，张贴大字报。他们开创了红卫兵的运动。

6 月 16 日，北京矿业学院以干部子弟为核心的一帮人，成立了"首都毛泽东思想红卫兵"组织，简称"首红"，后来发展到 4000 之众，但除了一些激进分子外，大部是跟风随大流的。他们把我这一类持不同意见的人，以及所谓的"黑五类"子弟，统统打成右派、反革命，都上了他们的黑名单。被他们打击迫害的共计有 800 多人。因为我是他们重点整治的对象，就对我实行 24 小时看管，甚至上厕所还有专人跟进来。并且，那个"左"派对我吃饭还要监视。我从小在农村劳动，饭量大，发现我吃的多，竟然指着我骂：这小子还没事，吃那么多！有一天我感冒了，吃的少了点，又指着我骂：你想绝食斗争啊！告诉你，绝食死了活该，死了是叛徒！饭吃多了不行，吃少了也不行，看管得多么严呀！我们在一个班生活学习了 4 年，谁不了解谁呀，明知道你不是什么右派，反革命，就偏要那么整你，足见他们根本没有什么人道和良心，他们是想踩着你的脑袋往上爬，整人越狠、爬得越高。

工作组进校后，这些"左"派是依靠对象，对我们更是变本加厉的进行迫害。他们还组织了全年级（4 个班级），对我进行批斗。经济系党总支书记曹某某，甚至公开叫嚷：经济系的学生有百分之六十是右派。气势汹汹、杀气腾腾，必欲置我们死地而后快！看来，我们这些"右派""反革命"们将要被送去劳改了。

物极必反，这是自然法则。你整得人太狠、太多了，逼得我们走投无路了，我们唯有奋起反抗，才有生路。

我们绝不能伸长了脖子让你割脑袋呀！恰在这时，毛主席已发现了普遍存在的群众斗群众的严重问题，把它叫作资产阶级反动路线。1966 年 10 月 6 日，在北京工人体育场，中央领导主持召开了"向资产阶级反动路线猛烈开火"的誓师大会。在会上，周总理宣告：过去对一些革命同学的压制、围攻斗争，甚至搜查、压迫这类事情，一律平反。蒯大富还在大会上发了言。我们这些"反革命"分子们，感到反击的时候到了，我们必须组织起来，求得自我解放。最初只有我们八个受迫害最深、而且又胆大的召开了一个秘密会议，决定成立自己的革命组织《东方红》，中心任务是批判"首红"挑动群众斗群众的资产阶级反动路线，揭露他们迫害群众的暴行，把他们批倒批臭，最终瓦解他们，取而代之，求得我们自身的解放。在这个秘密会议上，经济系团总支书记邓仲文同志做了重要参谋，出了很多好的主意，功不可没。邓老师很有远见，很有谋略，在政治上比我们老练多了。在这个会议上，我们做了战略分工，我的具体任务是批判王秀荣。王秀荣是我们经济系党总支付书记，她是当时任中央文革小组副组长王任重的大女儿。王任重任湖北省委书记，曾陪同毛主席畅游长江，当时是个红人。正因为如此，"首红"就看中了王秀荣的价值，聘请她任"首红"的政委，拉大旗，作虎皮，使人误以为中央文革支持"首红"。我们偏偏从这里下手。王秀荣人品很好，从不摆高干子弟的架子，群众关系也很好。我们批判她的真实目的是把她缠住，使她无法履行政委的职责，最终把她从"首红"政委的宝座上拉下来，并退出"首红"，在群众中造成一个中央文革不再支持"首红"的印象。

当时王已怀孕，在批判会上，我给她一把椅子叫她坐着，还叫女同学端上一杯开水。这种人道主义的批判会，争取了许多人心。同"首红"批斗走资派搞喷气式、罚跪、戴高帽，用皮带抽打的暴行，形成了鲜明的对照。

我们反对武斗，反对对走资派搞残酷斗争无情打击。在同"首红"的斗争中，坚持说理斗争，坚决不搞武斗。我们起初人员少，但我们是受害者，人人极尽全力抗争，能量大。有一次在同"首红"辩论时，他们仗着人多，居然动手打伤了我们《东方红》的一个同学，把他打成了脑震荡。我们坚持不还手，而是抬着伤员在校园内游行，让大家看清"首红"的暴行，使他们失去人心，而我们则赢得了人心，争取了许多中间派，甚至"首红"中的红卫兵反水，加入到我们《东方红》的队伍中来。

我们的队伍在不断的扩大，经过近四个月的斗争，至 67 年底，"首红"彻底崩溃。

我们搞垮"首红"后，有人把一号头头朱某某挂牌游街。据说在争夺"首红"重建的广播台时，其"工人赤卫队"队长竟然拿了铁棍想打人，引起了《东方红》小将门的义愤，仗着人多，上去缴了他的械，他也挨了一顿打，使受到了皮肉之苦。仅此而已。没有听说其他的报复行为。

因为《首红》整了我们不少的黑材料，并且装入档案，因此我们《东方红》的红卫兵怀着极大的义愤，强行搜查了档案室，迫使他们交出了"黑材料"，可是我们没有破坏档案，没拿走其他任何资料，档案仍然放得整整齐齐，井井有条，可见我们《东方红》的红卫兵都严守纪律，不搞打砸抢。

在我的档案中，搜出了批斗我时，我画了鱼和荷花的那张纸，可见"首红"的用心多么阴暗险恶。也查看到了企图置于我死地的其他黑材料，暴露了那些混进教师干部队伍的极左分子的丑恶嘴脸。但是，我始终没有报复他们。

"首红"不仅对持不同意见的群众进行残酷迫害，还对走资派实行残酷斗争，无情打击。比如；他们在批斗矿院前任党委书记吴子牧时，强迫一起陪斗的老干部们跪在地上，反绑其手，在身上还插上了牌子，像斗地主一样斗他们，并且还用皮带抽打。吴子牧因肺癌割去一个肺，哪经得起他们的凶狠抽打，当被打倒在地上后，经济系的一个"首红"小头目张某某，竟然用脚踩在他的背上，嘴里还疯狂的叫喊着：把他打翻在地，还要踏上亿万只脚，叫他永世不得翻身！这些暴徒的行径令人发指，触目惊心。

我们掌权后也斗过走资派，但是我们不打人，不搞体罚，坚持文斗，坚持说理斗争。比如我们在批斗经济系总支书记曹某某时，不罚跪，不插牌子，更不打人，坚持说理斗争。我也上台发言对他进行了批判。我首先叫他把毛主席语录本翻到某某页某某段落，叫他大声念这段语录："世界上百分之九十以上的人民是要革命的。"念完后，我问他你认为毛主席的这段语录正确吗？他答：正确！我又问：你说过经济系的学生有百分之六十是右派，到底说过吗？答：说过。我又说，经济系的同学在中国共产党的领导下，教育和培养了十几年，难道还有百分之六十是右派？！你对照主席的这段语录，你认为你的言论正确吗？答：那是谬论！台下轰然大笑。在好几千人的大会上，他承认他说的是谬论，批判已达到了目的。他的这种言论，就是在今天讲，也是谬论。说明我们批判他是有充分理由的，完全正确的。我们坚持文斗，坚持说理斗争，使大家包括被批判对象都心服口服。

我们不是对所有领导都进行批判，没有错误的就不批判。比如经济系系主任罗菲，我们就没有批判他。后来采矿系的几个较激进的红卫兵说，你们经济系不批斗，由我们来批斗！我晚上就去找罗主任的侄女秦怡老师，告诉她采矿系同学要揪斗罗主任。我说，我公开阻止他们，不让他们批斗，这我做不到。你叫罗主任快到外面躲起来，好汉不吃眼前亏。就这样，罗主任逃过一斗。

1966 年 12 月，镇压我们的矿院"首红"彻底垮台，我们矿院"东方红"占据了统治地位。北京高校的 56 所大学的被压迫的红卫兵，至此也都翻了身，掌握了权力。

1967 年 2 月 3 日，毛主席在接见阿尔巴尼亚卡博·巴卢库时说："红卫兵也在不断分化。在去年夏天左派是极少数，站在我们这边，受压迫，他们被打成右派、反革命等等。到了冬季起了变化，少数派变成了多数派。"

不得不"抄家"

　　"首红"已垮了，档案也清理了，有人还不放心，怀疑"首红"还有整我们的"黑材料"，最大可能是藏在王秀荣家中，因她是湖北省委书记王任重的女儿，没有人敢抄她的家。我说没必要了，"首红"垮了，即便还有"黑材料"，也是废纸一张；若失去了政权，没有"黑材料"，他们还会造"黑材料"。一些低年级的学生却听不进去，对我说：你抄不抄？你不去抄，我们去抄！他们很激动。我想不好，若是他们去抄家，抄了个底朝天，将来的"抄家"罪名还会加到我的身上。因为我是负责批王秀英的，将来是说不清楚，脱不了干系的。于是，我当场决定：我去，但你们只能派一个人跟我去，"要求能听我指挥的。最后我选中了关德远跟我一起去。"我对关说，一切行动要同我保持一致，不许乱说乱动。说好后，我们二人就等在王下班的路上。一会儿王过来了，我说：王秀荣，我们今天去你家查看有没有"黑材料"。王说：我告诉你，抄我家是非法的！我当然嘴很硬，我说：怕了你我们就不来了！王无奈，只好领我们到她家中。一进门，我故意把手插在裤袋中，关德远也效仿我把手插在口袋中。我对王说，你把桌子的抽屉打开，他拉开了，我们查看了一下，没有什么纸张的东西。接着，我叫王把衣柜的门打开，衣柜的抽屉打开，也没有发现什么"黑材料"。那时的人们都很穷，即使高干子弟家中也仅有桌子和衣柜两件家具，仅几分钟，就检查完了。我说我们查阅完了。正准备往回走，王说：你们给我留个条，某年某月某日，戴宝元二人来我家抄家了。我说可以，我写道：某年某月某日，戴宝元与关德"远二人来王秀荣家查看黑材料，桌子抽屉和衣柜是王秀荣自己打开的，查阅完毕，没有带走任何东西。"我说，你看看我写的符合不符合事实？她看过后说：符合。我说，那你也在上面签个字，我们共同承认这个事实。她签字后，我说；那你留着吧。当时我是大四学生，年龄比同班同学还大三岁，懂得一些法律；另一方面，我心地善良，从不胡来，有道德法律观念。后来，她意识到我对她很好很宽容，平时在路上遇见我时，还主动向我打招呼微笑，我也回之以微笑，彼此心照不宣。

1980 年，北京矿院已搬至四川三汇坝，据说这是《红岩》小说中，双枪老太婆打游击的地方。此时，经济系办了一期老大学生学习现代化管理的培训班。巧的很，我参加了，班主任是王秀荣。经 61 级的候莲英已经是西安矿院的老师，她也参加了这期培训班，她比我晚报到一天。她见到我说，戴宝元您过来！我说什么事？她说王秀荣怎么对你那么好？我说怎么了？侯莲英说，她报到时，王秀荣对她说：我们的戴宝元也来了。我说，是吗？这叫不打不相识，你就不太清楚了。

过了几天，王秀荣书记再三邀请我到她家吃饭。盛情难却，我一进门便说：王书记今天我是来向你赔礼道歉来了，文革中我对你的态度不太好！她立即说，哪里哪里，我一直对人家说，戴宝元的态度非常非常温和。她高兴地从内室把儿子拉出来：你看，他长得这么高，我的儿子一点也没受到影响。她很高兴，我也很高兴。

与人为善，是做人的本分。即使有不同意见，也不能仗势欺人，有个别的人，即使踩着别人的脑袋爬了上去，升官发财了，也会被人们指着脊梁骨骂。

筹备红代会

1966 年 8 月 27 日，"首都大专院校红卫兵第一司令部"成立，简称"一司"。当时中央还发来了贺电。

9 月 5 日，以北京航空学院韩爱晶的红旗战斗队为首的一些红卫兵组织，成立了"首都大专院校红卫兵第二司令部"简称"二司"。

9 月 6 日，以地质学院东方红、清华大学毛泽东主义红卫兵、邮电学院东方红等 16 所高校的红卫兵组织，联合起来，成立了"首都大专院校红卫兵第三司令部"，简称"三司"。地质学院的调干生朱成昭任司令，清华大学的蒯大富任付司令。

9 月 13 日，周总理与中央文革小组成员出席了在先农坛体育场召开的首都大专院校红卫兵誓师大会，并为南下串连的红卫兵授旗。我们矿业学院《东方红》成立后，加入了"一司"，是"一司"的一支重要的生力军。"一司"的首任司令是中共中央办公厅主任汪东兴的女儿汪延群，她当时是北京轻工业学院的学生。

1966 年 10 月 1 日，老红卫兵在中南海政协礼堂成立"联动"，即"首都红卫兵联合行动委员会"。它是以"东纠""西纠""海纠"的中学生为核心，联合北京个别高校的干部子弟，组成了一个保爹组织，是名符其实的"保皇党"，他们的反动理论就是北京理工大学二年学生谭力夫的"血统论"，他们鼓吹"老子英雄儿好汉，老子反动儿混蛋"，"龙生龙，凤生凤，老鼠的儿子能挖洞"。他们都是干部子弟，自鸣不凡，自以为是当然的红色接班人，他们把地主、资本家、反革命、坏分子、右派、叛徒、特务等所谓"黑七类"及其子弟进行疯狂镇压，打砸抢，无所不用其极。他们还把矛头对准了中央文革，要油煎江青、打倒周恩来，高喊："刘少奇万岁"，"毛主席正确不正确，十年以后再见"。他们的确是一伙疯狂的暴徒。公安部在大学红卫兵"三司"的配合下，把这伙暴徒抓了起来。但毛主席又不好把元老们都得罪了，又都是些中学生，只好网开一面，把他们的子弟又放了出来。但他们仍不知悔改，甚至有恃无恐，还组织几百名顽固分子几次冲击公安部。"上帝要使人灭亡，必先使人疯狂"。最终"联动"也没有逃脱覆灭的下场。67 年 5 月，"联动"的残余终于被消灭殆尽。

随着上山下乡，他们就销声匿迹了。这些人，在 80 年代返城后，绝大部分成了官倒。他们的师爷谭力夫，因臭名昭著，改名为谭斌，后来也成了邓公子"康华公司"的高管。他们都大发其财。这是后话。

由于首都大专院校红卫兵第一司令部宣扬和执行了谭力夫的反动血统论，犯了严重错误，因此，于 66 年底，"一司"司令被迫下台。

1967 年 1 月初，我到"一司"当司令。我去一司上任不几天，周总理和中央文革在人民大会堂接见了我们大专院校三个司令部的负责人，会议的中心内容是联合。中央指示：三个司令部现在都是造反派掌权了，你们要联合起来拧成一股绳，成立"红卫兵代表大会"，简称"红代会"。

会后在我的提议下，"红代会"筹备组设在我们矿院的主楼 5 层。三个司令部合并成立红代会，这是红卫兵运动的一个重大里程碑，即由分散走向联合统一，这也是毛主席的战略部署，中央十分关心和重视。

在筹备红代会的一个月时间内，中央首长接见了我们四、五次，每次接见时，首先问的问题是：你们红代会筹备得怎么样了？可见中央对成立红代会之迫切。中央还派了两位新华社记者常驻筹委会，经常向中央写内参，反映筹备的进展情况和存在的问题。

在筹备过程中我们讨论起草了"红卫兵代表大会宣言"，这是最重要的文件，修改了八稿才敲定。还有"告全国红卫兵书""给毛主席的致敬信""告全国工农兵书"等。红代会之所以拖延了一个月还不能成立，关键问题是在三个司令部的领导权问题上争吵不休，达不成协议。三司的代表认为我三司最革命，没犯过错误，你一司犯过谭力夫的资产阶级反动血统论的错误；至于你二司，还是我们三司、一司帮助你，你才从保守派手中夺了政权。因此成立红代会，必须在宣言中明确"以三司为核心"，而一、二司的代表则坚决反对以"三司为核心"的提法。认为三个司令部是平等的，不能分主次，不能有核心和非核心之分，各说各的理，各唱各的调。就这核心问题每天辩论，争吵不休，谁也不肯让步，吵了一个月，还没吵出什么结果。

我说再这么吵下去，红代会老不能成立，不能联合，是对不起毛主席，也对不起人民，是犯罪！我提出了一个妥协的方案，即：同意把"以三司为核心"，写进红代会宣言，但是有一个条件，必须经过中央批准！会上，三个司令部的代表都不敢反对，因为我们都要听中央的。会后居然还有个别的人不理解，跑到矿院的批判大会上，抢过话筒，插话说：你们矿院的戴宝元同意把"以三司为核心"写进红代会宣言，这是出卖我们一司、二司，向三司投降！

我同一、二司的代表说，你们要动脑子，老吵是吵不出什么结果的，三司比你的嗓子更响，我预料中央是不会同意把"以三司为核心"写进红代会宣言的，我们只能借助中央，打他们（三司）的屁股，迫使他们就范。我说，过不了几天，中央会召集我们开会，对于成立红代会，中央很着急。你们赶快把红代会宣言打印出来，并叫体育学院的张同喜在宣言中"以三司为核心"的地方，预先用红笔划出来，使之醒目，待中央首长接见时，肯定首先问：你们的红代会筹备得怎么样了？你就站起来发言："以三司为核心"这提法我们一、二司不同意。然后把用红笔划好的那份"宣言"稿递上去，请首长过目。

事情的发展就像我预料的那样，对"以三司为核心"的提法，中央首长进行了严厉的批评：革命的核心不是自封的，是在革命斗争中自然形成的。红军长征时，张国焘仗着山头大，兵马多，想另立伪中央，以他为核心，结果怎么样？一个小差就开到泥坑里去了。这样，三司也不敢坚持"以三司为核心"了，三个司令部同时宣布撤销，并宣布成立"首都大专院校红卫兵代表大会"，并定于 67 年 2 月 22 日在人民大会堂万人会厅召开成立大会。

红代会成立大会很隆重，周总理和中央文革领导参加了成立大会并发表讲话。

新华社常驻筹委会的两位记者，高兴的赞扬我：还是戴宝元有办法，吵了一个月，一下子解决了。

在红代会的整个筹备过程中，五大领袖始终没有参加，有的派了个代表。原因之一，他们忙于校内的两派斗争，没有时间参加。其二，他们没有认识到成立红代会的重要性，没有意识到这是红卫兵运动的重大里程碑，从此由分散走向联合。也没有认识到这是毛主席的战略部署，他们已跟不上形势的发展，落伍了。

我们大专院校红代会成立后，就根据中央指示，帮助中学成立了中学红代会，又帮助工人、农民成立了"工代会"，"农代会"。于是全国也纷纷成立了"四代会"，为成立革命委员会的成立打下了群众基础。

红代会筹备过程中，常驻的两位新华记者，就是中央派来的情报员，他们不断向中央反映筹委会的情况，中央知道我在筹委会中的作用，为成立红代会立了一大功。因此 67 年 2 月 22 日红代会成立的那一天，中央指定我一人陪同周总理首先步入人民大会堂主席台，并安排我就座在总理的旁边，用今天的话来说，一炮打红。

由于红代会的"红卫兵代表大会宣言"等文件需要经过中央审查和修改，因此到了 3 月 3 日才登报。据新华社的同志讲，"宣言"的字打得很大，是毛主席亲自审阅的。红代会成立的新闻报导，红代会宣言等文件，周总理和其他中央文革领导的讲话等，《人民日报》共登了两版。记者说红代会的成立，国际上影响非常大，他们都在注视着首都红卫兵的动向，阿尔巴尼亚看到首都红卫兵联合了，成立了红代会，他们都很高兴，他们的党报全部照登《人民日报》的1版、2版，这是从来没有过的。他们也希望中国的红卫兵能联合起来，不再内战。

红代会成立后，核心组领导成员共 9 人。如前所述，五大领袖因种种原因没有参加筹备工作，因此起初核心组没有他们。虽然我们 9 人并没有明确谁是总负责人，但红代会的一切活动，无论是国内还是对外活动，中央领导都打电话给我，指定我出场亲自办理。

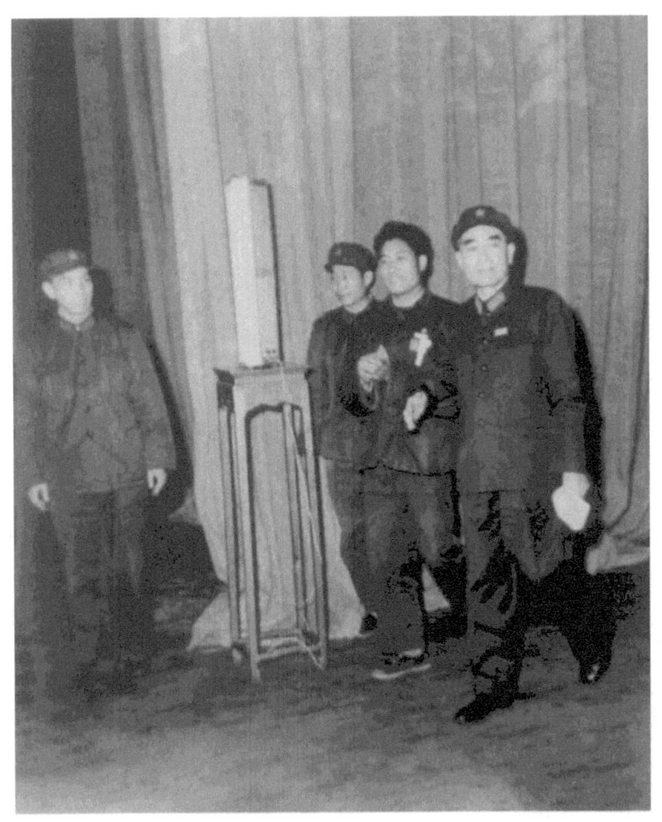

陪同周总理步入人民大会堂之万人会厅

林彪指示办"红卫兵战果展览"

　　北京的红卫兵运动，首先是清华附中的中学生发起的，许多高干子弟，自认为他们才是红色接班人，带头成立了毛主席的红色卫兵，即红卫兵。然后扩大到大学，各大专院校也先后成立了红卫兵组织。

　　1966年8月20日，老红卫兵上街"破四旧"，就是破"旧思想、旧文化、旧风俗、旧习惯"。在"破四旧"运动中，中学生是主力军。他们年纪小，热情高而缺乏自我约束力，甚至干了许多无法无天的事，造成了很大的破坏。

　　1966年8月22日，31所中学在北师大附中集会，北京市、卫戍区要他们彻底查抄阶级敌人隐藏的枪支弹药，于是，大规模的抄家就此开始。

　　8月25日，北京西城区的一些中学生成立"西城区纠察队"，简称"西纠"。年轻的中学生缺乏理智和法治观念，在当时极左思潮横行的情况下，作出了许多伤天害理的事情。他们开始大规模抄家，抄校内领导和老师的家，抄社会上资本家、地主富农的家，抄有历史问题人的家，抄走资派的家，抄"反动学术权威"的家。还对他们进行刑讯逼供，滥杀无辜。至9月初，据官方统计，不到一个月时间，共打死1772人，近10万人被赶出北京。施暴主力是中学生，但也有个别大学，如外语学院和铁道学院的一些红卫兵参加。（注：以上历史资料，摘自新华社老记者杨继绳著《天地翻覆》一书。他用十年时间详细调查了文革中发生的大事。）

1966 年 9 月 20 日，北京师范大学的调干生谭厚兰组织她的"井岗山"公社数百人，打着"破四旧"的旗号，到山东曲阜的孔庙，对许多文物进行了严重的破坏。这也是以后谭被判刑的一条罪证。谭后来因癌症去世，年仅 45 岁。据说，谭破坏孔庙文物的用意还在于把矛头对着周恩来。因为孔庙文物是由周领导的国务院下文要保护的。

在查抄行动中，他们确实也抄出了一些旧照片，旧证件，还抄着了国民党党旗和日本军刀之类，还抄出了一些金条，也抄到了一些枪支弹药，正是战果辉煌。林彪指示北京军区政治部举办《红卫兵战果展览》，展览馆地址就在动物园东邻的北京展览馆。67 年春，当小样布置好后，为征求意见，邀我们红代会核心组成员包括五大领袖都去参观了，我们也没看出有什么毛病，但是，有些较激进的红卫兵认为，展览是修正主义的，必须砸烂！这下可把北京军区政治部负责搞展览的人吓坏了。不知他们是从哪里知道我，说红代会的戴宝元不搞派性，办事公道，得到各派红卫兵的信任。于是就开车接我，要我出任展览会筹委会主任。我看过展品，也没有发现有什么修正主义的地方，我说好吧，我可以挂个"主任"的名，但具体工作，什么也不参加，他们同意后，我就签了字，并批准正式展出。就这样，展品还是这些展品，什么也没有变动，再也没有人来造反，展览会顺利展出。

怀仁堂会议

1967 年 4 月初，谢富治受中央文革委托，在中南海怀仁堂召开了红代会核心组成员和主要院校的红卫兵代表开了个会议。他说，你们红代会核心组不是还没有组长吗，根据中央文革意见，认为五大领袖的影响比你们大，由他们担任红代会核心组组长比较好，征求大家的意见。但遭到了与会者的一致反对，认为他们红代会筹备会都不参加，看不起红代会，他们没有资格当组长！这下可把谢富治凉到那里去了，一言不发，一脸尴尬。显然，谢是对我及大家做解释工作来了。我马上站起来表态："我们革命不是为了做官，我同意中央文革的意见。"大家听了我的发言后，没有人再提反对意见，全场鸦雀无声。谢富治于是说：那就这样通过了，并宣布聂元梓为组长，蒯大富、韩爱晶、谭厚兰、王大宾为付组长。

为了照顾聂元梓的工作，来红代会方便，红代会机构由北京矿院搬迁至北京大学的俄文楼。该楼曾是司徒雷登的办公楼，座落在未名湖畔，那里非常安静。

实际上五大领袖只是挂了个名，因为以后成立北京市"革命委员会"时，群众代表必须是"四代会"中的负责人参加，如果不令他们当组长，以后他们进入革委会就名不正，言不顺了。事实上，除聂元梓一开始来过一、二次外，其余四人从来没有来过红代会。但是北京市、外交部，需要红卫兵出头露面办的事，还是直接打电话给我，叫我去办，因为他们知道我不搞派性，办事公道，有组织能力和指挥能力，找我办事比较放心。

67 年 4 月 21 日，北京市革委会宣布成立，五大领袖都进了革委会，聂元梓为革委会副主任，其余 4 人为常委，不过也只是挂了个名，因为他们内战不休，不听指挥。毛主席终于不再依靠他们了。

红代会部分核心组成员与谢富治在大会上。

自左至右：大富、韩爱晶、谢富治、李龙和、朱一恕。

毛主席批示办学习班

　　毛主席批示：办学习班，是个好办法，很多问题可以在学习班得到解决。

　　1967 年 4 月，我发现一些红卫兵头头想干什么就干什么，权力大无边，甚至连周总理的话都听不进去，阳奉阴违，这样下去不是乱套了吗？在一次中央首长接见我们时，我写了个条，提了个建议，内容大体是：现在的一些红卫兵权力达到了登峰造极的地步，连总理的话都听不进去，为所欲为，这很危险。为了文化大革命的顺利进行，为了挽救大批的红卫兵小将犯错误，我建议从上到下，逐级办学习班，以统一思想，统一认识，统一行动。

　　中央首长认为这个建议很好，就把我写的这个建议，打印成很大的字，交给了毛主席，主席看后，觉得这个建议很及时很好，就批了几个大字："办学习班，是个好办法，很多问题可以在学习班得到解决"。并刊登于《人民日报》。（附图片）。

办学习班从文革开始，是权力斗争中政治上得势的一方彻底清算失势的对手的手段，目的是让他们彻底交待"罪行"、闭门悔过和反省。文革中两派都用这种方法修理对手，以在心理上彻底整垮反对派。

办学习班的方法，在这几年又死灰复燃。想不到当年我的一个建议，流毒深远，至今为祸天下。

我与聂元梓的分歧

怀仁堂会议上，谢富治受中央文革的委托，指定了聂元梓为红代会核心组的组长，蒯大富、韩爱晶、谭厚兰、王大宾为副组长。其他 4 个核心组成员有戴宝元、张同喜（体育学院）、李龙和（轻工业学院）、朱一恕（林业学院）共 9 人。五大领袖除了聂元梓外，其余几个只派了个代表，没有来过红代会。

这 9 个核心组成员，包括聂元梓和我，有 5 人持天派观点，其余 4 人持地派观点。当时首先有一个属于地派观点的某校红卫兵组织，申请加入红代会，聂元梓心眼小，派性大，不愿意吸收它。想仗着核心组成员中持天派观点的多，是 5 比 4 的关系，她就提议核心组成员举手表决，少数要服从多数，她想这不是轻而易举地把该红卫兵组织排除在外了么。让她没有想到的是，我不举手，弃权。她看了我许久，我仍然不举手，从此她十分生气，非常恨我。我从不随大流，坚持我的原则，我认为红代会是大联合的产物，所有红卫兵组织都有权加入，以团结更多的人，实现真正的大联合。通过这件事，更多的人，包括领导了解了我的为人。做事不搞派性，办事公正、公道，得到了上下广泛的信任。

通过这件事，也充分表明了聂元梓是心眼小、派性大的孤家寡人。从此她把我当作异己分子，处处小心提防。那时，我常骑着自行车到人民大会堂南门 148 号房间开会，如果这次会议也有聂元梓参加，我就打电话给她，搭乘她的小轿车一起走。由于聂气量小，派性大，不团结人，就她的北京大学还有近一半人反对她，因此，在人民大会堂开会时，她常受到中央领导的批评，在回校的路上，我对她说：你树大招风，劝她在两条路线的斗争中（实际是派系斗争），你不要冲锋在前，你应该退到第三线，让你的"新北大公社"也退到第二线。但她听不进去，反而怀疑是我向中央告了她的状。有一次她在新北大公社的骨干会议上，竟然警告她的部下：你们要知道，戴宝元现在住在红代会，住在我们北大，你们说话要小心点，他是唯总理之命是从的人。恰巧她的骨干中，有一个是我沙溪中学的校友。他对聂的孤家寡人策略早不满意，他跑到俄文楼来找我，我并不认识该校友，他说是我沙溪中学校友，说你怎么得罪聂元梓了？他透露了聂在骨干会上说的上述那些话。我感到很可笑，我从来没有向中央汇报过她的情况，中央也从来没有找我问过聂元梓的情况，我没必要去当面做解释，一切用事实说话。其实，各主要单位，特别是清华、北大都有中央派去的记者，她还不知道吧！？

五大领袖分成三派，蒯大富与韩爱晶为一派，人称蒯司令、韩政委，他们一直亲密无间。谭厚兰与王大宾一派，聂元梓孤独自成一派。他们三派有错综复杂的相互矛盾。但聂元梓与谭厚兰的矛盾最大，简直到了剑拔弩张的地步。

有一次，聂元梓的新北大公社在大礼堂开会，谭厚兰的北师大红卫兵居然在舞台上用绳子吊起一只破鞋子，因为聂元梓离过几次婚，他们以此对聂元梓进行人身攻击，而新北大公社的红卫兵则到处张贴咒骂谭厚兰的大标语：谭厚兰的脸有多厚？有十亿万光年！实在令人发笑，天体物理学上的长度单位竟用到她的身上了。

我对聂元梓的小心眼，虽然不满意，但对于北师大的这种低俗下流的人身攻击，非常反感。观点不同可以辩论，但不能搞成人身攻击。我还是同情聂元梓，45 岁了，孤立无援。当他们三派在高教部问题上，争吵不休，相互斗争越来越激烈的时候，我倒想帮聂元梓一把。我感到他们相互斗的时间长了，当谁也战胜不了谁的时候，他们都会感到自身力量的不足，此时都希望有朋友来支持他。事情的发展果然不出我所料，因为聂与蒯的矛盾小些，我认为促成聂、蒯联合的机会到了。就先后分别找到了聂与蒯，他们都同意我的意见，实行联合。我又分别征求了他们开联合会的地点和时间，确定在某年某月某日在清华召开联合会。下面的事我就不管了，我也不参加他们的联合会，就这样，聂与蒯终于合成一派。因为这派有航空学院，所以人们称之为"天派"，而谭厚兰这边有个地质学院，人们称之为"地派"，实际上我是天地派的始作俑者！当然我的目的不是让他们斗得更凶，而是想抑制北师大谭厚兰红卫兵的嚣张气焰。

但没过多长时间，总理得到了消息，且知道是我把聂蒯两人拉在一起的。在一次中央接见我们时，我正好坐在总理的对面，总理问我："戴宝元你知道不知道北大和清华最近开了个派会"？我答："知道"。以上问答都是原话。我没有作辩解。总理待了一会儿又问："戴宝元你是哪里人"？我答："江苏太仓人"。我本想再加一句，就是郑和下西洋的那个太仓，马上感到不好，总理在上海搞了那么多年地下工作，还能不知道紧邻上海的太仓？不是自作聪明吗？所以没有再多嘴。总理没有直接批评我给聂、蒯拉帮结派，而是问我知道不知道，这是一种艺术性的批评，既批评了我做得不对，又不在会上损害我"不搞派性"的形象。

这是我自 67 年 1 月任一司司令至 68 年 10 月毕业分配，唯一一次受到总理的"艺术性"的批评。

大约在 67 年 7 月，聂又一次受到了中央的批评。过了几天，她主动到俄文楼来找我聊天，她首先进行了一番自我表白，然后说，我这个人可能谁也打不倒我，要么由于我的"私"字，自己打倒自己。我说，你既然知道了，你为什么不悬崖勒马，急流勇退呢？沉默了一会儿，我感慨地说：红卫兵成不了气候，很多事情都做过了头，得罪人太多了，物极必反。今天你给人家戴高帽子，说不定将来人家给你戴高帽子，用哲学上的语言，这叫否定之否定！因为她是哲学系总支书记，我故意用哲学语言说事。

我坦诚的对她说：权力不是抢来的，如果你干得好、也干得对、也有能力，但人民不赏识你，作为一个真正的共产党员也无所怨言，因为我们是为人民服务的。这句话，既是说给她听的。也是我内心的自我表白。

最后，我说，你是共产党的高级干部，我还不是党员，这些话，不该由我来说。

2014 年，当我知道她现住北京电影学院附近的家属院时，我专门去看望了她，此时她已 93 岁了，46 年没见面了。我一进门便说，你认识我吗？答：不认识。这可能是真话，46 年前我还是年轻的大学生，而现在已是 74 岁的老头了，面目全非了。

我又问：我是戴宝元，你还记得吗？答：不记得。我佩服她的记忆力，她在回忆录中还能记得当年在红代会的工作人员，却不认识我，那是假话。显然，46 年后的今天对我还有成见，还心怀不满，还把我当作异己分子，实为可笑。

当她上卫生间时，我们同她的保姆聊了几句，保姆说她身体还很好，没有病，行动还方便，虽然耳朵有些背，但都能听得见，就是心眼小。我在想，江山易改，本性难移呀。

她桌子上放着她写的回忆录，我说：外面买不到借我看看。谁知 20 多天后，我还没有看完，就接到她的电话：戴宝元你把书还给我！我很惊讶，并不是说她小气到了连一本书都舍不得给我，而是她那么大年纪了，心眼还那么多，她在回忆录中有许多地方是自我开脱，文过饰非，她知道我对她太了解了，怕我点穿了，赶紧把书收回去。

一切都过去了，人生不过是过往烟云。就在我写自己的回忆录时，得知她已于 2019 年 8 月 28 日去世的消息，她享年 98 岁。愿她在天堂一路走好！

蒯大富与聂元梓（2017 年 4 月于北京）

接见外国青年代表团

自红代会成立以后，外国代表团来京访问红卫兵的很多，北京市和外交部都指定由我接待。如接见挪威"火炬社"代表团，阿尔巴尼亚大学生代表团，日本大学生代表团，坦桑尼亚青年代表团等。

日本大学生代表团人数很多，共 108 人，大多是学中文的，普通话说得比我还好。对这个代表团，我们以大学红代会名义接待。接待地点安排在北京饭店 7 层宴会厅。简短的接待仪式后，我们就开始就餐，边吃边聊。他们对红卫兵不太了解，感到很新奇，什么都问，我不卑不亢，对答如流。在回答问题时，既要掌握一定口径，又要实事求是，脑子要转得快，又要随机应变。日本大学生显然比我们大学生开放，吃完饭他们建议手拉手围成一个圈唱歌，唱的是我们的革命歌曲。记得不太清楚了，好像是"团结就是力量"。我被两个女同学一边一个拉着站在圈子中央，一边唱一边还向左右摆动。他们非常活跃很兴奋，跳的也很自然。我却感到很别扭，我从来没有拉着女同学的手跳过舞，我强忍着自己不能脸红，否则在国际上显得中国大学生太封建，没见过世面了。

有一次，坦桑尼亚青年代表团来访，北京市副市长丁国钰同志是管文教的，他曾是朝鲜板门店谈判的首席代表。他告诉我，外交部对这次来访很重视，要求找一个形象好的，政策性强，口材好的红卫兵去接见他们。他毫不犹豫的叫我去接待，同时还要带几个红卫兵陪我一起去。我就从我们班找来张富堂二人，又从北大找了两个红卫兵，共 4 人陪同我一起去接待。外交部来电告诉我，要我在北京矿院的宿舍楼前等着，他们开车来接我。外交部派来一辆红旗牌小轿车，我们三人上车后就驶到北大，又接了另外两人。我告诉他们不要随便插话，只能在我讲话后，若有不周之处，可以补充。

红旗小轿车在今天已到处都有，很普通，可在当时，它是特制的，专供中央高级首长用，司机以能开红旗牌轿车而骄傲。他说，这是中央首长坐的，外国副总理一级来了也不给坐。当时北京市"红旗牌"小轿车总共才 13 辆，包括敞篷的小轿车。司机边说边表演，他说，你们说话若对我保密，你们就升起与司机之间的隔音玻璃。他又指着前面说，当前路口是红灯，只要见我的红旗牌轿车过来，马上就会变成绿灯。当时红绿灯是由交警人工控制的。司机还说：我车后面 300 米，不允许有车辆接近，因为红旗牌轿车坐的都是中央高级首长。若紧随红旗牌小轿车，交警会立即拦截审查。

从北大出发，全程绿灯，我们仅用了十七分钟就到达了天安门旁的南河沿。

非洲青年对红卫兵十分好奇，什么都问，甚至还问你们的蒯司令是否有特殊的标志？我说没有，与普通红卫兵一样。

一晃已到了中午吃饭时间，外交部副部长韩念龙出来接我与坦桑尼亚代表团一行，到前门"全聚德"烤鸭店吃烤鸭。当时像我这样的穷学生，还是第一次吃北京烤鸭。各道菜依次上的是鸭心、鸭肝、鸭肠、鸭脚蹼，一道接一道，最后端出来的就是鸭肉了。我们都已经吃饱了的时候，韩部长又摊开一张薄薄的透明的富强粉烙饼，上面倒上足足有半斤鸭肉。我很惊讶！这老汉真不简单，还能吃这么多。谁知，他把卷好的鸭肉饼递给了我，说：老戴，吃！我说：我已经吃饱了，但韩部长再三叫我吃，还说；年轻人能吃，蒯大富就很能吃。部长的盛情难却，我出于礼貌，接过韩部长给我卷的鸭肉饼，硬吃了下去。幸亏我身强力壮饭量大，否则我就出洋相了。

经毛主席的批准，应阿尔巴尼亚的邀请，我国终于派出了红卫兵代表团出访。1967 年 6 月 20 号，中央全体领导，（毛泽东、林彪除外）和我们北京的红代会核心组成员，以及中学红代会、工代会等的头头，都到西苑机场举行了隆重的欢送仪式。

在西苑机场欢送红卫兵代表出访阿尔巴尼亚

叶群要我给她打电话

1967 年 5 月 1 日，中央领导和红卫兵头头都在天安门城楼
上。我站的地方离叶群很近，我就主动与她聊起天来。我说，
叶群同志，你到洪泾大队搞过"四清"吧？因为中央领导接见
我们时，叶群很少出面，所以她还叫不出我的名字，她就问我
叫什么名字，我说：我叫戴宝元。她接着说：你是哪里人？我
说我是江苏太仓人，我家迷泾大队，距离洪泾大队很近。于是
她就兴奋的讲述她搞"四清"的经过。她说：我同法宪（空军
司令吴法宪），豆豆（她女儿林豆豆），一进村就组织学习毛主
席著作，同王光美搞"四清"不一样！她又问：现在顾阿桃怎
么样？我说：我没有回过家，不了解。"四清"时顾阿桃是她
树的典型。因此后来顾阿桃成为了江苏省常委。吴法宪和林豆
豆也分别树了个典型，林豆豆培养的苗子是我沙中的校友，叫
沈玉英，她沙中毕业后支边新疆，因关节炎严重导致了双腿残
疾。回家乡之后，常坐小推车出门参加政治活动。林豆豆出过
一本文学作品的小册子。第一篇是《爸爸如何教我写文章》，其
中一篇写沈玉英的先进事迹，标题是《向阳花开》，我阅读过，
她写的很好，很有文才。

1967 年 5 月，武汉军方支持的保守派"百万雄师"，疯狂
镇压造反派。中央决心要解决武汉问题。7 月 14 日，周思来先
到武汉，把梅岭一号别墅的原属"百万雄师"的工作人员全部
撤换，重新换上了 67 军的空降 15 师的人员，（这原属陈谢大军

的 9 纵，是谢富治的老部下），以保证毛主席的安全。14 日晚，毛主席在海陆空三军陪同下来到武汉，住在周已布置好的梅岭一号别墅。周又电告在四川的谢富治和王力到武汉执行任务。

"百万雄师"对中央不支持自己，心怀不满，就在 7 月 20 日那天，他们胆大包天，冲击了谢、王的住地"百花 2 号宾馆"，要同谢富治论理，并绑架了王力，进行殴打。这就是震惊全国的"武汉七.二 0 事件"。毛主席知道后，命令武汉军区司令员陈再道，立即把绑架走的王力找出来。21 日，为了安全，毛飞离武汉去了上海。

22 日，周回京计划好在西苑机场的欢迎人群，再飞武汉。23 日，周先送谢、王飞离武汉至北京，然后周与李作鹏也飞往北京。周令谢、王的飞机到北京后，在空中转圈，待周的飞机降落后，再令其降落，于是周就带领中央领导和我们大学红代会核心组成员，举行了隆重的欢迎仪式，"迎接谢富治、王力从武汉胜利归来"。这显然是做给"百万雄师"看的。据说，后来中央令陈再道来北京，在军队内部对其进行了批斗。

当我们跟着总理绕机场一周的时候，韩爱晶首先见到了叶群，就在我的前面。他就上前问叶群："叶群同志，林副主席身体健康吗"？我想，不愧是"政委"，很会说话。而叶群回答得更妙："毛主席身体非常非常好，红光满面。"我们都知道叶群哪能见到毛主席，她还答非所问，完全是套话，奉承话，说明叶群说话非常小心谨慎。

当她回过头来与韩爱晶说话时，她一眼就看见了我，她对我说："戴宝元你也来啦，你有什么事情就给我家打电话"。我连忙答：好！好！好！我没有向她要电话号码，更没有打电话，因为我想，中央首长每月召集我们开会四、五次，中央的精神都知道了，没必要给她打电话，也从没有想过要同她套近乎。我们那个时代的人都知道，67 年时毛主席早已选定了林彪为接班人。他排名在总理之前，是一人之下，万人之上的红得发紫的副主席。那时谁会怀疑，也不敢怀疑林的将来不会有好结果；更不可能是算命先生，预知林将来会摔在蒙古温都尔汗。那时谁敢不喊：祝林副主席身体健康？所以接近林的家族，乃至奉承林是正常不过的事，无可非议。但是我放弃了与叶群联系的机会。在当时可能会被人批评我是榆木脑袋，不懂得或不善于抓住机会。我不是不懂得这些道理，但我还是选择了放弃。因为我没有政治上的野心。

我很佩服叶群的记忆力，5 月 1 日，我们在天安门城楼上聊了那么一会儿天，约十分钟，快三个月过去了，她居然还能记得我的名字，真是不简单。

林彪与叶群

阻止第三次大串联

1967 年 9 月 1 日，江青按毛主席战略步署，在接见红卫兵代表时讲：不再搞大串连。正当中央提出"抓革命促生产""复课闹革命"之时，以清华北大为首的一批学生，掀起了"第三次大串连"的浪潮。参与的人数很多，甚至把北京站的列车都堵死了。（当时还没有西站）。

在人民大会堂开会的时候，我给周总理递了个条：

"听说清华北大带头搞什么第三次大串联，若再不阻止，各校都学他们的，这可不得了"！

会议开到最后，周总理说：现在北京站有十三列火车都坐满了清华北大的学生，搞什么第 3 次大串联，要复课闹革命吆！谢富治、聂元梓、戴宝元你们去北京站把他们动员回来！

我们三人乘车去北京站广场，已是下午四点多钟了，听到谢付总理来广场演讲，人们都围了起来，挤得水泄不通。谢、聂分别传达了总理的指示，要求他们立即回校复课闹革命。他们讲完话后，我护着他们二人，叫大家让出一条通道，送他们上车离开了广场，但是没有人返校的迹象。我就到车站广播室连续广播了三次，传达总理的指示，要求他们回校复课闹革命，但是他们还是无动于衷。这 13 列车中挤满了人，有的卫生间也坐了人，即使列车不开动也会出问题。

我是个勇于担当有责任心的人，没有把列车中的学生动员出来，我是决不能走的。清理列车，刻不容缓，于是我当机立断，首先给卫戍区司令傅崇碧打了个电话，我说：傅司令我们配合一下，你立即派一个团的兵力把北京站包围起来，一律上刺刀，枪口对外，只准出，不准进。车内的人由我负责清理。他说，好！请读者别误会我能指挥卫戍区司令，他也参加了总理召集的会议，他知道总理叫我们去清理车站，他也有这个责任。

接着我给北京体育学院的头头张同喜打了个电话，要求他派二千个红卫兵，立即到北京站来报到，并且要求全是男生，一律带上你们体院红卫兵的袖章，此时已是晚上八点。两个小时后，他们按时到达了广场，我就向他们传达了总理的指示，要求他们把车内的人全部动员出来，回校参加复课闹革命。并布置了行动步骤：第一步，先礼后兵，首先到各车箱内传达总理的指示，进行动员，并请车内真正的旅客帮我们一起做动员工作；第二步，若他们仍坐着不动，你们就强行把他们一个一个往外拉出来，你们是清一色的体院红卫兵，是有组织的，而他们是散兵游勇，若有人敢于反抗，甚至动手打人，你们千万别示弱，要坚决些，否则一事无成，但你们不能往死里打，不能打伤人。

我为何决定找体育学院的红卫兵来清理，原因有三个，一是体院内部统一，无派别斗争；二是体院的头头老实听指挥；三是体院学生都身强力壮，且请来的都是男生，对车内的人有威摄力。

清理工作很辛苦，从晚上十一时开始至凌晨四点钟才清理完毕，基本上没有发生武力冲突。我一直在车站内的一个办公室内等候，没有合眼。当体院头头进来汇报说，全部清理完毕，我才松了口气。我说，好，大家辛苦了，赶快回去休息吧。

就这样，第二天 13 列火车开始了正常运行，我终于完成了总理的委托，但是没有给总理写汇报，不想去请功，这是我应该做的。

总理邀我筹备国庆

1967 年 9 月初，就开始筹备国庆，计划一百万人的游行队伍通过天安门，接受毛主席检阅，"十一"晚上在天安门广场举行 10 万人联欢晚会。国庆筹备领导小组由 5 人组成，组长由周总理担任，领导小组其他成员有：北京市革委会主任谢富治，卫戍区司令傅崇碧，公安部九局局长李汝槐，（九局专门负责中南海、人民大会堂和天安门的安全），群众代表就邀我一人参加。

筹备组的主要任务是组织指挥百万人游行队伍和天安门广场的 10 万人文艺晚会。在一次筹备会上，卫戍区傅司令说：现在许多造反派头头有手枪，"五一"节，有人还把子弹掉在天安门城楼上，若国庆节出了事，我的脑袋就保不了，这还是小事，主要是毛主席的安全。怎么把造反派手中的枪收缴上来！？我没有想出办法。我说，下次中央首长接见时，把参加会议的人扩大到各校各单位的头头都参加，把手枪带进人民大会堂是非法的，你预先在门口搞个检测装置，检查到带枪的一律没收。傅司令说：好，这主意好，老戴你给我保密。我说我出的主意肯定保密！当时北京市委吴德、丁国钰，还有外交部的副部长韩念龙都称我"老戴"，我很不好意思，他们都是快 60 岁的人了，我只是一个年轻的大学生。

没过几天，中央首长在人民大会堂接见了各校各单位头头，人数特别多，约有 500 多人参加，就是想趁此机会把带的枪一网打尽，全部没收。第一个被检查出来带枪的是韩爱晶，当场被没收。还被江青严厉地批评了一顿，还不许他进去开会。后来我看到他在楼道里哭鼻子，李讷（江青的女儿）正在安慰他，还帮他扣纽扣，当时外面传韩是驸马，可能是与李讷关系好之故。

9月26号至28号连续两次进行百万人游行队伍的预演。晚十一点东西长安街便开始戒严，百万游行队伍，自东单开始，步伐整齐地通过天安门，到西单队伍解散。除毛、林，中央有关部门负责人都上城楼检查了预演情况，当队伍全部通过后，我们就在城楼的休息室内开会，提出改进的意见等。

"十一"上午十点整，毛、林、周等首长，都在城楼上检阅。游行的总指挥是卫戍区副司令李钟奇，我是副总指挥，我们胸部都佩带有指挥证，在城楼正中央下面搭的指挥台上进行指挥。游行队伍有序地顺利地通过天安门，近两个小时，圆满胜利结束。

晚上天安门广场 10 万人联欢，不太好组织，我亲自带领工作人员在广场划分地段，一个大学或一个单位划一个方块，根据人数多少和知名度，对其进行分配，关键是哪些院校或单位分配在最靠近天安门，哪些其次，哪些分在广场最南端？弄不好，就会有人造反，引起混乱。因为离天安门近的，能清楚见到毛主席的身影，分配在最南端的，连影子也看不清。为什么必须由我亲自划分？因为各校各单位都知道我办事公道，不搞派性，不会偏向任何一方，公平合理。所以我去划分地段，就没有人造反，都能服从分配。

文艺晚会开始前，毛主席从人民大会堂东门出来，乘敞篷小轿车，想通过广场中间预留的通道，过金水桥上楼城。这样，可以与广场中更多的人民群众能亲密接触，群众可以近距离的见到毛主席。

但是，想更近距离见到毛主席的人群一拥而上，把大道两侧各二十排解放军组成的人墙都推倒了，司机见通道已经堵塞了，于是立即倒车，退入人民大会堂。主席就从人民大会堂的地下通道乘车进入了故宫，再徒步登上天安门城楼。红代会的核心组成员等 17 人，在城楼下夹道鼓掌，欢送毛主席上城楼，主席向我们微笑，招手示意。尽管上城楼有电梯，但毛主席却一步一步登着台阶，徒步登上了城楼观礼台。那时主席年纪虽已 74 岁，但身体依然很健康，红光满面。

在国庆晚会上，广场上放同一个舞曲，十万人同时跳同一个舞蹈，相当好看，十分壮观。

在筹备国庆期间，为了方便我工作，把我安排住在中山公园兰花室。在那里我住了一个月，晚上就躺在沙发上。我利用晚上的时间，写了两篇文章，一篇是"打倒小资产阶级派性，树立无产阶级党性"，登在《北京日报》上；另一篇是："打倒派性，解放干部"，根据丁国钰同志的意见，此文登在"北京日报"，以社论发表。

除了沙漠，凡有人群的地方，都有左、中、右，一万年以后还会是这样。

北京日报

搞臭小资产阶级派性
树立无产阶级党性

北京矿业学院革命委员会东方红公社　袁宝元

当前，无产阶级文化大革命的形势一片大好。党内最大的一小撮走资本主义道路的当权派已经陷入亿万人民的重重包围之中，以中国赫鲁晓夫为首的资产阶级司令部正在全面崩溃。在无产阶级文化大革命的这个关键时刻，广大革命群众高举毛泽东思想伟大红旗，紧跟毛主席的伟大战略部署，牢牢掌握斗争大方向，正进一步搞好革命的大批判，搞好本单位的斗批改，并且在革命的大批判中，发展和巩固革命的大联合和革命的"三结合"，巩固和加强无产阶级专政，为夺取无产阶级文化大革命的决定性胜利而作出新的贡献。

但是，在这大好的形势下，在我们革命队伍中，有一些小资产阶级思想严重的人，他们以小资产阶级的派性代替无产阶级的党性，热衷于打"内战"，妨碍了革命的大联合，干扰了我们斗争的大方向。

只有不断克服我们自己队伍中的缺点和错误，只有彻底纠正小资产阶级派性，树立无产阶级党性，把小资产阶级思想引导到无产阶级革命的轨道，才能紧紧掌握斗争的大方向。

一部分群众组织的负责人，他们在派别斗争的时候，没有很好地斗自己头脑中"私"就是背离了毛泽东思想，背离了斗争大方向，就是丧失了原则。

小资产阶级派性严重的同志，自己不抓斗争大方向，反而把反对宗派主义、反对山头主义、反对小团体主义、反对风头主义、反对打"内战"而坚持革命大批判、坚持革命大联合的同志，说成是"右倾"。

什么叫"右倾"？难道无产阶级革命派大联合，组成浩浩荡荡的无产阶级文化革命大军，把斗争矛头对准党内最大的一小撮走资本主义道路的当权派是"右倾"吗？恰恰相反，他们一点也不右。而那种认为党内最大的一小撮走资本主义道路当权派已经打倒了，太平无事了，搞不惯革命的大批判"无所谓"了，而热衷于打"内战"，这才是十足的右倾。

小资产阶级派性严重的同志，把不参与派别斗争的革命群众组织和同志，说成是"折衷主义"、"走第三条道路"，说什么"第三条道路是没有的，不是倾向这一派，就是倾向那一派"。

什么叫"折衷主义"？这些同志思想的糊涂在于混淆了敌我界限。在无产阶级同资产阶级之间，在无产阶级思想同资产阶级思想之间，在毛主席的革命路线同资产阶级反动小资产阶级宗派主义的谬论。

小资产阶级派性严重的同志，飘脱离于无产阶级党性，以派性代替无产阶级党性。革命群众组织之间，在思想问题上同能存在着原则性的分歧。但是，小资产阶级派性严重的同志，对于这种分歧，不是用摆事实、讲道理的方法去弄清是非，去解决问题；一时解决不了的，不是顾大局、识大体，用求同存异的方法去解决。他们看自己的兄弟组织、自己的同志犯了错误，不是抱着同志式的态度，满腔热情地去帮助，而是幸灾乐祸，得理不让，求其一点，不及其余，无限上纲，小题大作，甚至发动"宣传攻势"和"组织攻势"，乘机进攻，必欲置之死地而后快。他们这样做，只能使亲者痛，仇者快。只能长敌人志气，灭自己威风。左派犯错误，右派利用，历来就是这样。阶级敌人便是利用了革命队伍中某些人的宗派主义而挑拨离间、混水摸鱼的。我们必须大喝一声，同志，千万别中了敌人的诡计！我们头脑中一定要有敌情观念！

我们伟大领袖毛主席早在一九二六年就说过，"谁是我们的敌人？谁是我们的朋友？这个问题是革命的首要问题。中国过去一切革命斗争成效甚少

国庆宴会盛况

　　1967 年 9 月 30 日晚上，周总理在人民大会堂宴会厅举行盛大的国庆招待会。中央领导除毛、林外都来了，北京市革委会成员，驻京的军队负责人，各国驻华使节，在京的外国专家和友人等，以及"四代会"的负责人约 2000 多人参加宴会。

　　开始先奏国歌，接着，周总理发表祝酒词，大家热烈鼓掌，然后开始就餐。席间，蒯大富带头，我们大专院校红代会的核心组成员，依次向总理和其他中央首长敬酒，我参加过十多次各种宴会，唯国庆宴会最盛大。宴席每桌 8 人，桌上放满了各种菜肴，还摆放了七种酒类和饮料，如茅台、香槟、葡萄、玫瑰、啤酒和橘子水等，喜欢喝什么就喝什么，各取所需，但不需要自己动手倒酒，每桌有两名年轻的女服务员为你倒酒，只要喝掉一些，她们就会给你倒上。席间相互祝酒时，大家都站起来，用装了香槟的高脚杯，高高举起，轻轻一碰，相互微微一笑，干！干！就咪上一口，是礼节性的，不是真的大口喝酒。

　　各种菜肴吃完一道，马上又端上另一道，许多我没有吃过，不知其名，只知其味，但没有山珍海味。我们筹备小组在讨论每桌吃多少钱时，谢富治提议：我们国家现在还有困难，规格不宜过高，每人花 8 元钱就可以了。就按这个规格备的酒菜。

　　这次宴会上，我还与我沙中的前任学生会主席阮宗涛偶遇了。我们正站起来祝酒时，阮宗涛看见了我，走过来对我说：这不是戴宝元吗？你怎么在这里呀？我也挺惊讶的，我说：你不是在驻法大使馆工作吗？怎么回来了？他说文革中他被调回到外交部了。他是 64 年南京大学法语系毕业的，那年正值中法建交，被分配到驻法大使馆工作。他说，他现在的任务是翻阅法文报纸、杂志，凡见到有赞扬文革的就记录下来，有一处记一处，然后上报。有人专门给发奖金，赞扬的次数越多，奖金就越多。这似乎有用钱买赞扬声之嫌了。

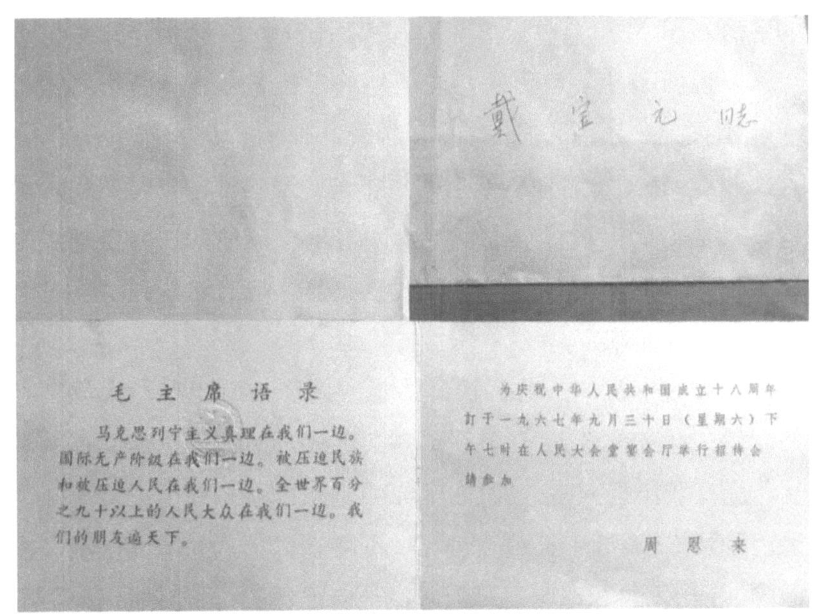

工宣队进校

五大领袖在校内都有两派，尤其是清华北大，聂元梓在外面名气很大，可在校内却是半壁江山。她的新北大公社未能一统天下，还有一半人反对她。我曾对她说，要是我在你这位置，早就联合统一了，领袖要有领袖的风范，要大气，容得下人，海纳百川，有容乃大。她是听不进去的，也改不了那小气的毛病。

要说两派斗争最厉害，最激烈的学校，那就是清华。蒯司令全国闻名，甚至国外都很有名气，但清华还有很大一部分人，即"414"反对他。他们两派不是一般的武斗，竟然动刀动枪了。他们把拖拉机焊上钢板，当坦克使。他们还会自制步枪和手榴弹，清华的理工科，什么专业都有，造这些武器，对他们来说，并非难事。

蒯大富一派叫"井冈山"，也叫团派。蒯当年是大学二年级学生，江苏盐城人，（韩爱晶是江苏涟水人）。

蒯比我小近六岁。2017 年 4 月他来北京推销他的文革回忆录：《清华文革五十天》。我们自 72 年在清华偶见一面以来，已时隔 45 年了再相遇。在聊天时，他自己反省：那时年纪太轻。蒯那时他的那一派人多势众，但"414"就是不屈服，不投降，坚持斗争，后来团派包围了"414"的总部大楼，并使停水、停电，迫使其投降。但"414"也是清华大学生呀，他们同样很聪明呀，他们早就在楼里储备了粮食和汽油以及发电机等，自己发电，在楼里储足了水，坚持不投降。但是天长日久也不是个办法呀。"414"就挖地道，想法从地道逃出去，而团派早就料到了他们会有这一招，就在楼周围地上挖了许多坑，埋了不少空水缸。当地道挖近时，会在缸内产生共震，以此来监听挖地道的情况，如果挖到你那脚下了，就横向的也挖一段地道，把你挖的地道暴露出来。这是什么斗争方法？我们都知道，那是日本鬼子对付八路军武工队的地道战的方法，十分好笑。"414"由于危在旦夕，已走投无路，就设法向外传递信息，向中央告急。

由于清华旷日持久的武斗，致使人员伤亡，造成了严重的恶劣影响，毛主席于是下决心解决清华的武斗。

1968 年 7 月 27 日，北京市的 61 个单位的工人约 3 万人，组成的工人宣传队，从清华的南、西、东三个门同时进驻清华。而蒯还误以为是黑手操纵，领导他的"井冈山"兵团抵抗工宣队，打死 5 人，打伤 700 多名，消息传到了中南海，毛主席大为震怒。于 7 月 28 日凌晨召见了 5 大领袖，严厉批评了他们，并说"黑手"是我。从此，五大领袖退出了政治舞台，于是"工人阶级领导一切"了。"红卫兵小将"靠边站了。蒯大富在《清华文革五十天》一书中，对他在文革中，校内两派武斗，进行了反省，他说："文革很复杂，学校派性严重，而我又不善于团结不同意见的师生……辜负了毛主席的信任，没能搞好大联合，三结合，最后搞起了武斗……"。"文化大革命中红卫兵运动的失败，我有直接的责任。"说句公道话，文革中两派斗争不休，蒯是要负一定责任的。但不能都归罪他。的确"文革很复杂"，也可以说：太复杂了。67 年 4 月，我就向中央建议"办学习班"，后来毛主席认为我的建议很好，很及时，就批示："办学习班，是个好办法，许多问题都可以在学习班得到解决"。我们在《人民日报》可查到，这个批示的公开发表，已是 67 年底和 68 年初。《人民日报》只是说："毛主席最近指示我们"，没有说哪天发出的指示？这个指示的公开发表时间是在我提的建议起码半年之后。并且，在公开发表这个指示后，并没有认真地、有组织地从上往下办学习班，其原因不得而知。

全国各地很多地方仍在打派仗，混乱不堪。

蒯大富与戴宝元（2017 年 4 月于北京）

迎接阿尔巴尼亚巴卢库访华

　　1968 年 9 月 30 日，周总理带队到首都机场迎接巴卢库。我们一行 40 人，一人一辆小轿车，跟随总理直接去首都机场，群众代表仅我一人。我记得到机场后，先在休息室等候，除总理外，我们一行人都在一个休息室等候。空军司令吴法宪认识我，他从桌子上拿了一盒英国"三五牌"香烟，抽出一支递给我说：老戴抽烟！当时黄永胜刚上任总参谋长，他还叫不出我的名字，只知道我是一个红卫兵头头，他见我抽烟就批评我："你是红卫兵还抽烟！我们在江西时，一不抽烟，二不喝酒，三不吃辣椒"。虽然他刚上任显然是摆架子，但我不能顶嘴，只是软软的回了一句：我们将从 7 月份发工资算毕业了，我不能算学生了。事后，我想了想，人家是好话，如果我当时就戒了烟，可能今天我就不会得肺气肿病了。

　　就在前不久，我给总理写了个条，反映了我们毕业班大学生的情况：我们因文革在学校多呆了一年多，家庭经济都很困难，有不少怨言，有的还把大字报贴到了天安门了。对老是不分配，表示非常不满，现在文革也没什么事了，请求总理批准我们尽快毕业分配吧。

　　根据我的反映，国务院经讨论决定，同意我们分配走人。国务院首先通知了北京市管文教的丁国钰同志。在等车去机场时，丁见了我说：你给总理的条子，总理看了，已经批准你们毕业了，工资从七月份算起，十月份分配走人。我把这个喜讯回校一传达，很快北京各院校毕业生都知道了，一片欢腾。并且消息很快传到了全国高校。

左二吴法宪，正中黄永胜

毕业分配

1968 年 9 月 30 日，周总理带队到首都机场迎接巴卢库。我们一行 40 人，一人一辆小轿车，跟随总理直接去首都机场，群众代表仅我一人。我记得到机场后，先在休息室等候，除总理外，我们一行人都在一个休息室等候。空军司令吴法宪认识我，他从桌子上拿了一盒英国"三五牌"香烟，抽出一支递给我说：老戴抽烟！当时黄永胜刚上任总参谋长，他还叫不出我的名字，只知道我是一个红卫兵头头，他见我抽烟就批评我："你是红卫兵还抽烟！我们在江西时，一不抽烟，二不喝酒，三不吃辣椒"。虽然他刚上任显然是摆架子，但我不能顶嘴，只是软软的回了一句：我们将从 7 月份发工资，算毕业了，我不能算学生了。事后，我想了想，人家是好话，如果我当时就戒了烟，可能今天我就不会得肺气肿病了。

就在前不久，我给总理写了个条，反映了我们毕业班大学生的情况：我们因文革在学校多呆了一年多，家庭经济都很困难，有不少怨言，有的还把大字报贴到了天安门了。对老是不分配，表示非常不满，现在文革也没什么事了，请求总理批准我们尽快毕业分配吧。

根据我的反映，国务院经讨论决定，同意我们分配走人。国务院首先通知了北京市管文教的丁国钰同志。在等车去机场时，丁见了我说：你给总理的条子，总理看了，已经批准你们毕业了，工资从七月份算起，十月份分配走人。我把这个喜讯回校一传达，很快北京各院校毕业生都知道了，一片欢腾。并且消息很快传到了全国高校。

左二吴法宪，正中黄永胜

1968 年 10 月开始毕业分配，那时许多工矿企业两派斗争还很激烈，有的还在武斗，处于无政府状态。据有关人士讲，67 年夏天煤炭日产量从 80 万吨，降到了 24 万吨，因此大批工厂关门。我们矿院因缺煤，浴室也关闭了，当身上实在太脏了，就跑到煤炭部机关澡堂去洗澡。其他行业也一样，文革对国民经济的破坏是巨大的。因此周总理早就提出了"抓革命、促生产"，"复课闹革命"的号召。

我们毕业分配到什么单位，不是像往年那样，首先由要人单位提出申请上报，然后由国务院进行平衡，最后确定分配名额。因为很多单位还在打派仗，处于无政府状态，所以我们分配首先要考虑那个单位是不是有政府？能不能接受？否则去了也没人管，开不了工资，岂不成了流浪儿？！

当毕业指标下达后，便落实到班级，就我所在的经 62-1 班而言，我是主管本班毕业分配的，我不搞派性，对文革初整过我的人，也一视同仁，公平对待，尽力做到人人满意，绝对不搞打击报复。由于报名去大同矿务局的人多，分配的指标满足不了需要，我还专门去了煤炭部，找干部司司长。他不认识我，我通报了我姓名之后，可能他听说过，很客气的接待了我，并根据我提出的意见和要求，他痛快的增加了 4 个大同矿务局的名额。

我是苏州太仓人，分配指标有两个无锡煤矿的名额，若我去那里无可非议，但是我让给家在上海的同学去了，我去了离家几千里，生活条件很艰苦的大同煤矿。

那时我与电 61 班的马润华谈恋爱，她母亲是个小脚老太太，竟然从清华步行到矿院两次来找我，要求把润华分配在北京，我劝她说：那不行，不符合中央精神，我不能办。那时北京有许多单位已成立革委会了，是有政府的了。但中央有指示，不许分配在北京，即便有的已分配到北京了也要作废，重新分配到外地。毕业分配的口号是，"到边疆去，到农村去，到祖国最需要的地方去"，"知识分子必须接受工农兵再教育"。为什么已经分配在北京的毕业生，还要挖出来重新分配到外地呢？为什么我们后面几届还没毕业，就提前分配呢？中学生为什么不升学、不高考，而要他们上山下乡呢？我认为这都是毛主席的策略。是他 8 次接见红卫兵，掀起了红卫兵运动的高潮，现在却发现红卫兵们不听话，争权夺利，内斗不休，无政府主义泛滥，很难控制。所以把你们红卫兵统统赶出北京，驱离城市，叫你们统统到工矿、农村去劳动锻炼，接受工农兵再教育，吃吃苦头。把你们分散在全国各地的基层单位和

农村，再也不能"聚众闹事"了，北京安定了，各大中小城市
也安静了，文革该收场了。

抚顺老三届知青 1968 年上山下乡到辽宁

接受"再教育"

1968 年 10 月，我被分配到大同矿务局，局干部处又分配我到六处机电安装队劳动。大同的纬度虽与北京差不多，但海拔 800 米，是高寒地区，冬天非常寒冷，平日在零下十度左右，寒流来时最低达到零下 28 度，我随队在云岗沟南岸的山头上劳动，那时云岗矿正在开发搞基本建设。

我的任务是用风镐，就是风动冲击式钻机，在井壁上凿洞，以安装罐道梁。该主井深度达到 280 米，我们站在用钢丝绳吊着的双层吊盘上操作，井洞深处，淋头水很大，头戴安全帽身穿雨衣，身上还常被淋湿了。由于是高寒地区的冬天，风镐开动一会儿，因压缩空气膨胀吸热，风镐就会结冰，握着风镐的手马上会冻在风镐上。若不立刻停机，剧烈的震动就会把冻在风镐上的手皮扯下来。停机几分钟后，待手温把冰融化了，才能再开机凿洞。

后来我同工人一起在山头上拉钢丝绳，钢丝绳很重，要用绞盘，七、八个人齐动手把钢丝绳绞上山。山头上迎着西北风，冒着零下 20 多度的严寒，劳动八个小时，一般同学是受不了的。我没钱买棉裤，穿一条破绒裤。那是我上初中的时候母亲给买的，已穿了十四年了，绒毛早已掉光，半透明了。已保不了暖，同穿普通的布裤差不多，全仗着年轻力壮，从小劳动，锻炼出来的身体，才坚持到春天。

因为我在经济系学的是生产组织与计划专业，不是对口劳动。69 年夏，我调到了煤峪口矿，即一矿。当时一矿管分配的是政工组组长王根焕，他说：你从机电安装队来的，还是到机电队去吧。我说：不，我来的目的是到采掘第一线劳动。王问：那你想到哪个队去？我答：哪个采煤队最艰苦，我就到哪个队。王根焕有点吃惊，他还没有碰到过自愿要求去最艰苦的采煤队劳动的人。停了一会儿，他说：好吧，你到人工装煤的采煤二队去吧。

就这样，我在采煤二队，装了半年的煤。我身强力壮，采煤队把我当工人一样使唤，每天分配任务，连我在内，20 个人，每人装三节溜子的煤，每节溜子长 1.5 米，三节为 4.5 米，1.8 米高的煤层，炮眼深为 0.8 米，用炸药炸碎后，用平头大铁锹装入溜子运走。每天我不是第 2 个，就是第 3 个装完，说明还有十七八个工人还不如我装的快。但工人的工资是每月 80 元钱，我每月只有 45 块钱的见习工资。

上井后立即去澡堂洗澡，满身都是煤灰，除了眼珠子和牙齿是白的，全身上下全是黑的，不用说也可以想象到有多么黑。大量的煤灰吸入肺中，即使是三天不下井，呼出的气体还带有煤粉，鼻孔还是黑的。在采煤二队装了半年的煤，吸了大量的煤灰粉尘，今天我患的肺气肿病，可能与这大有关系。

在采煤二队劳动不仅艰苦，还十分危险，我所在的这个采煤二队，半年内就死了 4 个工人。我有一次差几秒钟，与死神擦肩而过。因为这个工作面溜头、溜中均发生过伤亡事故。所以在休息时，我们都坐在溜尾的回风巷下。我在井下很警觉，时时注意安全，刚坐下，就习惯地往上抬头看，看到顶板上面的石头已风化了，形成了许多裂缝，我就感觉不妙。那时常背毛主席语录：

"不要犯经验主义错误"。心想，过去此地不出事，不等于今天不出事。但又不能跑到老远的地方去休息呀，怕工人说你知识分子怕死。事情也凑巧，一忽儿来了一个七级工叫孟义，他刚坐下，我就故意把灯头照向了顶板，示意他检查一下。他说：老戴我看这里今天不安全。我当机立断站起来就走，他也跟随我急步的离开，大约我走了十步之遥，他走了七步之遥，只听背后一声巨响，塌方了！我们俩经历了一次死亡的体验。当巨响发生的那一瞬间，我们同时都被吓昏了，居然同时懵了，都像断了电，头脑一片空白，什么也不知道了。几秒钟后我们同时清醒，回过头来一看，好家伙！塌下来的石头叠得比人还要高。仅差几秒钟，我们逃过一劫。

后来我在大同煤校当教师时，讲起此次事故来，我还自我调侃地说：看来知识分子与工人的脑子的自然结构是一样的，受惊吓的临界点是基本相同的。当惊吓超过能承受的临界点时，同样会被吓懵。

半年后，我们被分配到一矿的二十个大学生都被调到中学去教书。半年后，我又被调至计划科工作。偶尔也随矿长王茂林下井蹲点。后来又陪矿长胡富国一起下井蹲过点。后来，王茂林和胡富国先后当过山西省省委书记。胡富国还当过煤炭工业部部长。

秋后算账

1970 年，全国开展了清查"五一六"的运动。什么是"五一六"？1967 年我们红代会也曾按中央指示查过"五一六"，查的结果是：某校有几个红卫兵，为了纪念中央"五一六"通知发表一周年，贴了一张大字报，署名为"五一六"战斗队，仅此而已。没有查出有什么"五一六"的组织，就不了了之。

67 年 9 月 10 日，谢富治在接见中学红卫兵时说："五一六"不超过 50 人，真正的坏人不过十多人。

时隔两年多，现在又搞清查"五一六"运动，查来查去，同样，没查出什么有"五一六"组织。总理是聪明人，话锋一转说，清查"五一六"重在罪行。有哪些罪行呢？共列了十五大罪状：参加武斗、搞打砸抢、揪军内一小撮、破坏革委会、冲击京西宾馆、包围中南海、火烧英代办等等。显然，这次清查"五一六"是针对造反派的，不仅对造反派中的激进分子彻底清算，还要对一些犯了一、二件错误的造反派头头清算，就像我这样有名的温和派，没有犯过十五大罪状中任何一条的人，也被怀疑审查了近二年。文革中红卫兵在很多事情上做过了头，打击面太广，甚至伤及无辜，尤其是中学生红卫兵，更是无法无天。正像我在 67 年 4 月，我给中央提的建议中说："现在的一些红卫兵权力达到了登峰造极的地步，连周总理的话都听不进去，为所欲为，这很危险。为了文化大革命的顺利进行，为了挽救大批红卫兵小将犯错误，我建议从上到下，逐级办学习班……”。可是绝大多数红卫兵头头还没意识到这一点，根本没想到秋天即将来临，秋后算账会算到他们头上。

67 年 7 月，我与聂元梓聊天时，我就说："红卫兵成不了气候，很多事情都做过了头，得罪人太多了，物及必反。今天你给人家戴高帽子，说不定将来人家给你戴高帽子，用哲学上的语言，这叫否定之否定！"不幸被我言中。

毛主席在 70 年时，身体还很好，头脑还很清楚。可想而知，若没有毛主席的指令，谁敢对造反派下手。由于他发动的文化大革命，由于他八次接见红卫兵，由于他一手把红卫兵捧上了天，对红卫兵的过激行动，特别是中学生的滥杀无辜未及时制止，造成了一场浩劫。也得罪了大部分老干部，他们憋了一肚子气，只是敢怒不敢言吧了。就在 67 年 2 月，几个元老，即谭震林、陈毅、叶剑英、李富春、李先念、徐向前、聂荣臻等聚集在中南海怀仁堂，你一言我一句地发泄了对文革的不满，叶剑英气得大发脾气，因拍桌子太猛，把手指骨都拍断了。这就是所谓的"二月逆流"。毛主席早洞察一切，但他不能把老干部都打倒了，他不得不向他们妥协，对造反派头头进行清算。

这次清查"五一六"运动，许多头头就脱不了干系，有人整理蒯大富的材料，上报北京市革委会，要求把他定为"五一六"反革命分子。当时吴德已代替谢富治为北京市革委会主任，他说：五大领袖是毛主席树立起来的，我们无权决定。他一脚把皮球踢到毛主席那里了。

在毛远新整理的"毛主席 75 年 10 月至 76 年 1 月的指示"中，有一段话："现在北大、清华倒是走上正规，由校党委、系党委、支部领导，过去不是，蒯大富、聂元梓无政府主义，现在比较稳妥。青要好的，不要蒯大富、聂元梓那样的"。

在 66 年至 67 年初，大同市也分为两大派，好派和糟派。有一次糟派正在开大会，遭到了好派的突然袭击，据说有好几万人拿了大刀和长矛，冲击会场，捅死了几个头头，从此糟派散伙，好派一统天下。大同矿务局当然也是好派掌权。该组织很左，不仅斗了不少老干部，还抓了不少所谓的国民党区分部成员，以莫须有的罪名，吊打他们。

这个以好派为群众基础，建立了大同矿务局革命委员会，还有军管会，都很"左"，他们听说全国在抓"五一六"分子，他们就想抓一条从北京来的大鱼，以彰显他们的革命性，他们把我当作了清查对象，大同局指使一矿成立了"五一六"清查小组，以政工组组长王根焕为首共七人。

我严正的告诉他们，我要是"五一六"，早到北京去吃大米饭了，还用你们来抓，你们知道个啥？我可以立军令状：若查出我犯了哪一件，就可以给我定罪，可以加倍处罚，人家判一年，对我可以判三年！他们还试图对我恐吓，想把我关在一个焊有铁门铁窗的房间里，我狠狠的把铁门踢的震天响，他们只好把铁门打开了，说：那是无意间把锁套上的。他们还在局军管委的指使下，召开了狠抓"五一六"的动员大会，对我施压。局军管委的一个人在台上发言时说：有的"五一六"很嚣张，他说，他是"五一六"早到北京去吃大米饭了！我听了觉得很可笑。后来，这个清查小组内有一个人告诉我：张某某说，戴宝元就是"五一六"，你们给他写大字报，我给你们提供材料。他说他是你同学，很了解你。此人就是"首红"的经济系经 61 的那个小头目张某某，我们掌权后没有对他进行报复，他倒找到了投机钻营的机会，企图落井下石。

即使"揪刘火线"十万人包围中南海，我都没去过，甚至骑车到人民大会堂开会路过也没有下车看一下。有一天晚上，我们得到消息说，"揪刘火线"的两派打起来了，有的核心组成员动员我一起去看一看，我拒绝了。我说：第一，我去了也解决不了武斗；第二，武斗场内，晚上谁也看不清谁，误伤了白受罪；第三，毛主席不同意把刘少奇交出来批斗，你们强行包围中南海是向毛主席示威，是错误的。

大同局抓"五一六"小组找不到我一点犯错误的证据，还不甘心。于是对我在全国范围内展开了为期近两年的调查。当时我就对他们说，调查我是可以的，也是应该的，因为我是红卫兵头头呀！但是将来必须给我作个结论。当调查了一年后，我问他们调查完了吗？答：没呢。我说：那再给你们半年时间。半年后我又找他们，还是说没有调查完呢。于是我骂他们白吃饱，你们那么多人，化那么长时间还没有调查完？你们在浪费国家的资产！再给你们半年时间。整整两年了，我又找他们，清查小组组长王根焕终于坦白了："我们为你的事全国跑遍了，他们都说：当时我们都说戴宝元太温和了，不像个造反派。今天看来人家做得对"。"五一六"十五大罪状，我一条不沾。大同局清查小组像泄了气的皮球似的，无声无息了。这出戏终于落幕了。此时经济系"首红"的那个小头头跑到我家来卖好了，他说："我根本不了解情况，我也不放个屁"。两面派投机钻营的嘴脸暴露无遗。

1974 年我调到大同煤校当教师，我一心一意地教好书。我用了十年时间，潜心研究《统计学原理》这门课，我发现过去的版本有一个共同特点，就是讲理论的多，联系实际的少，叙述冗长、晦涩难懂。我着力研究如何联系实际又通俗易懂，使学生特别是数学基础差的学生都能听懂，并且能学以致用，能解决实际问题，能应用于经济分析研究乃至科学研究中。为此，我常常研究到深夜十二点，有时灵感来了，不忍放弃，一直到凌晨三点。我写的备课笔记，成稿的就有 25 斤重，其中除《企业管理》外，大部分是《统计学原理》这门课的。

十年磨一剑，终于在 80 年代末，编写成书稿，即《统计学原理》（简明实用本）。经北京《东方出版社》编辑部审核，认为我这本书有特点：一是联系实际，二是通俗易懂，既有实用价值，又有创新的理论。终于出版了我写的这本书。（注：《东方出版社》，即《人民出版社》的付牌，同一出版社，正付两块牌子。）

我还在《山西统计》和《煤炭企业管理》杂志上发表了二篇论文。教育部网站因此还把我收录于"名人录"中，现在"百度"网上尚能查到。同时能查到 2014 年香港凤凰网历史频道记者对我关于文革的采访录。

但是，代价也是巨大的，由于我深夜还在研究，每日抽烟至少三盒。日积月累造成严重的气管炎，后来转变成了慢阻肺。

因文革原因，十年没有招收大学生，也就十年没有大学毕业生。人才之匮乏，可想而知。70 年代末至 80 年代初，各单位视大学毕业生为宝贝，只准进，不准出。大学生欲调离岗位，难上加难。十年没有大学毕业生，人才奇缺，各部门各单位都求贤若渴。另一方面，因文革耽误，大量初高中生失去了上大学的机会。

此时，中央电大远程教育应运而生。特别是经济类的电大，遍地都是，受到大批只有初高中学历的在职职工的热烈欢迎，几乎人人都报名在"电大"学习。但是其中有一门课，即《统计学原理》，靠自学太困难了，在80年代初中期，社会风气还很正，营私舞弊现象极少发生。因《统计学原理》涉及大量数学问题，甚至是高等数学《概率论》，对于缺乏数学基础的初、高中生来说，没有老师的辅导，是不可能考及格的。因此，电大第一期时，大同市所有经济

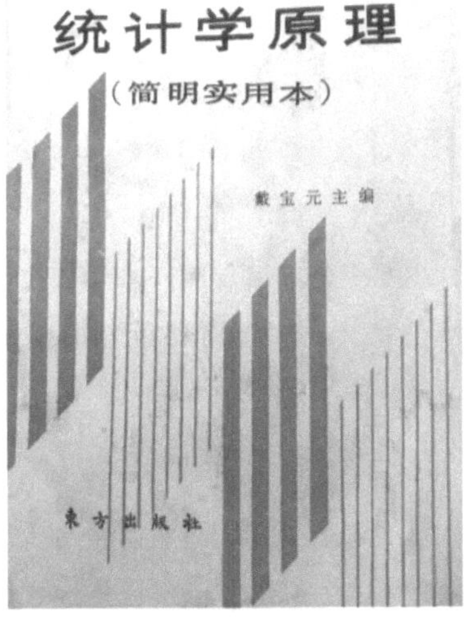

系毕业的大学生都被聘请当辅导老师，其中还有复旦大学经济系毕业的高级工程师。但是，考试结果是：凡我辅导的学生都考及格了，其余的几乎一个也未考及格。于是当第二期电大时，整个大同市各单位，一千多学生统统要求我辅导，我记得大同市统计局统一组织的学生共 800 多人，聚集在光华木材厂礼堂，让我讲课。若黑板上字写得小，站在后边的学生看不清。所以写斗大的字，黑板上写不下几个字，就要擦了再写、写了再擦，半天下来，我擦黑板的右手已僵硬了，累得抬不起来了。

同样，《企业管理》这门课也都聘我去辅导。很快我的名声在外，山西省各大矿务局也都请我去讲课。

大同煤校党组织建议我再写一份入党申请书。（上大学时已写过一份），就这样，我入了党。我入党不是为了做官，是想证

明我的清白。

后来大同局书记王君就是后来当山西省省委书和内蒙古书记的王君建议我入仕途，给我一个官当当，我婉言谢绝了。后来我煤校经济科因科长马祖新去世，学校要我接任，没办法，实在没人，我只上任了半年，就辞职了。我夫人还批评我，局党委王书记叫你当官你也不干，为什么？我说：我太正直，不愿意说套话、假话，更不愿意恭维上司，我即使当了官，也不可能融入这样的官场；若为了经济目的，为什么非要去当官而发财呢？我有的是本事，可以凭我的能力，光明正大去挣钱，虽然会很辛苦，但心里坦然，没有人指着我脊梁骨骂你是国家的蛀虫。

1993 年我终于留职停薪，办了个小微企业——涂料厂。也挣了点微小的钱。

反　思

　　在文革的洪流中。各色各样的人都登台亮相了，在这么一个混乱的年代，我之所以没犯错误，归根结蒂是因为我善良，且没有野心。

　　我五岁时父亲就死了，从小跟母亲长大。我母亲特别善良，以助人为乐。受母亲的影响，乃至周围纯朴的苏州农民的影响，予人为善，没有野心，更没有做官发财的观念。只想读书做事，做科学家、工程师、教师，这些职业最高尚。

　　毛主席在文革时，还多次教导我们说：不要把尾巴翘得高高的，要夹着尾巴做人。当你有一定权力的时候，更应谨言慎行，不能无所顾忌，为所欲为。己所勿欲，勿施于人。也不能去报复曾迫害过自己的人，他们承认了错误就行了，不要苛求别人。

　　文革中"五大领袖"也好，各大学、各单位的头头也好，很多人犯了错误，甚至是严重错误。其重要原因就是自以为是，总认为自己最正确，不能容纳持不同意见和反对自己的人，缺乏领袖的风范，胸襟不够开阔，不善于团结人，内斗不止，甚至互相残杀。或对所谓"走资派"采取了过激的行动。

　　对于学生，特别是低年级的大学生，犯了错误，甚至犯了严重错误，我认为还情有可原。因为他们太年轻，甚至幼稚。因此把文革的错误都加罪于他们，是不公正的。

文革中，那些年龄较大的学生，甚至在中学或大学已入了党的人，他们的头脑就比较复杂了，无论哪一派，不论是保守派，还是造反派，或是激进派，其中有些人的行为是有政治目的的，个别的人企图以过激过左的行为，以显示自己的"革命性"，甚至企图踩着别人的脑袋往上爬。干部子弟谭力夫，提出"老子英雄儿好汉，老子反动儿混蛋"的反动血统论，就是企图把"黑七类"的后代统统打入地狱，以显示他们是"英雄的后代，是当代的好汉"。他们对上司又是另一付面孔，吹吹拍拍，唯唯诺诺。他们善于见风使舵，刮什么风，就说什么话，甚至向上级请客送礼和行贿，求得上司的欢心与尝识。

这是些有文化的极端利己主义者，是腐败的种子。

从过去的国内媒体报导中看到，1945 年民主人士黄炎培访问延安时，黄炎培问毛泽东：现在国民党很腐败，共产党很清廉。将来共产党掌握了权力后，能不能保持清廉？毛答：能！黄又问：用什么方法来保持清廉，毛答：我们有批评和自我批评的武器。黄再问：用什么方法来保证批评与自我批评？毛再答：我们有党内民主。

我没有查到黄炎培的《延安归来》全文，只是从网上查到了如下内容：1945 年，黄与毛在延安窑洞中谈了十几个小时，黄提出了"历史周期律"问题，即那句"其兴也浡焉，其亡也勿焉"。意思是说，中国历朝历代起初都是很好的，以后就慢慢懈怠了，最后就灭亡了。毛泽东说："我们能跳出周期律。这条新路，就是民主，只有让人民来监督政府，政府才能不松懈，只有人人起来负责，才不会人亡政息"。不管是从报刊上看到的，还是从网上查到的，黄说的"周期律"肯定是有的，毛回答跳出周期律的新路就是民主，也是真的。但是，自 49 年中华人民共和国成立之后，实施了民主没有？不但没有，57 年他还对敢于向他提意见的民主人士和知识分子，统统打成了右派，把他们送进了监狱，下放劳动改造。残害了中国五十多万优秀人才和精英，封住了人民的口，只许唱赞歌，不许提意见，使民主变成了专制。

毛泽东往往说得非常好，十分正确，但很多地方不能兑现，甚至出尔反尔。特别是犯了他"龙颜"，他就接受不了，甚至大发雷霆。在这方面，他远不如唐太宗李世民。李世民对魏征的犯上直谏，那怕是很刺耳，尚能从谏如流。他把魏征当作一面镜子，以发现并改正自己的缺点和错误。因此才有了初唐时的开元盛世。由于不许别人提意见，没有了那怕是有限的民主，政府官员就失去了人民的监督，资本主义、修正主义就潜移默化地侵入肌体，毛认为党内已出现了"走资本主义道路的当权派"。那怎么来反修、防修、防止资本主义复辟呢？他没有忘记与黄炎培的"窑洞对"，欲跳出"周期律"，唯一的方法是发扬民主。因为中国的党、政官员，都是从上至下逐级委派的，都是以推翻蒋介石的功劳大小来分封的，不是靠人民投票选举出来的，所以毛泽东的所谓"民主新路"，只能是在他缔造的体制下，在"毛泽东思想"指导下，"公开、全面、由下而上地发动广大群众，才能揭露党和国家生活中的阴暗面，把走资派篡夺的权力夺回来"，搞"大鸣、大放、大字报、大辩论"，搞文化大革命。

但是，文革的大民主造成了无政府状态，使全国上下一片混乱，文革成了一场空前浩劫。同时，文革对生产力造成了巨大的破坏，使国民经济濒于崩溃，人民的生活又逼近了"三年困难时期"。

49 年至 76 年，28 年了，我国仍处于贫穷落后的状态。人民吃、穿等生活必须品，少得今天的人不可想象，样样都凭证供应，如食油每月每人半斤，猪肉每人每月半斤，粮食定量供应，虽然能吃得饱，但大部分吃的是玉米面、小米和高粱米。

至 70 年代末，在二战中被炸得遍地瓦砾的日本和西德，又迅速崛起，成了发达国家。这不令人深思吗？邓小平否定了毛的阶级斗争理论，否定了文革，着力恢复和发展生产力，提倡改革开放，短短 30 年，就使我国的国民经济，有了飞速的发展，人民生活也有了很大的改善，取得了举世瞩目的经济成就。但邓没有改革上层建筑。什么样的经济基础，就应该有什么样的上层建筑，上层建筑必须适应经济基础的需要，保护经济沿着正确的轨道，持续发展下去。

凭邓小平的阅历，他不可能不懂得两者的关系，他也曾几次提出要进行政治改革。但是他只说不做，放了空炮。究其原因，正如赵紫阳所说：他心胸狭窄。若真实行了政治体制的改革，他和元老们的后代就不可能继承老一代创建的特权，他们就会失去成为亿万富翁、子子孙孙荣华富贵的机会了。邓毕竟不是华盛顿，他终于选择了保留毛创立的政治体制。

十分遗憾，"猫论"虽极大地解放了生产力，但始终没有对生产关系进行改革，没有对毛泽东缔造的政治体制进行改革。在邓的"共产党员带头先富起来"的号召下，一些元老的后代们开始利用权力进行倒卖，利用权力成立空壳公司赚钱和骗钱，甚至利用权力大肆走私。邓不仅没有制止，反而对反官倒、反腐败的民主力量，进行了围剿和屠杀。从此，那些腐败分子便有恃无恐，中国的大地成了滋生腐败的温床。导致了今天腐败的污泥浊水泛滥成灾。

人民必须有民主，但事实证明毛主席的大民主必然造成无政府状态，是行不通的。人民必须有民主，同时必须有法治，真正的法治必须有真正的民主，二者缺一不可，怒我直言，没有真正的民主与法治，没有人民监督的政府官员，腐败就不可能从根本上铲除！

鄧公語録

现在我们在国际上采取的方针，就是稳住阵脚，把中国自己发展起来，不要张扬，韬光养晦，少说多干。发达国家，对我们始终是有戒心的，随着中国的发展壮大，国际上有人会对我有敌视和恐惧心理，我们的态度是，朋友还要交，但心中要有数。

不随便批评别人，指责别人，过头的话不要讲，过头的事不要做。在外交活动中，要趋利避害，不为自己树立对立面。要埋头实干，发展自己，而且越发展越要谦虚。

第三世界有一些国家希望中国当头儿，但是我们千万不要当头儿，这是一个根本的国策。这个头儿我们当不起，自己力量也不够。当了绝无好处，许多主动都失去了。所以中国永远不当第三世界的头儿，也不扛国际共产主义运动"中心"的大旗。

后 记

艰难困苦求学路

我 5 岁时，父亲被伪县长沈远明怀疑是新四军而杀害了。我母亲是一个地道的农民，性格开朗直爽，纯朴善良，乐于助人。但是一个妇女的体力有限，仅有的二亩半租地也无法种熟，还要负担养活我们兄妹二人，常常吃了上顿没有下顿，生活之艰难，现在的人都难以想象，常在饥饿的死亡线上挣扎。

解放后，同样因缺乏劳动力，成为全乡有名的贫困户，因此我与妹妹很小就参加了农业劳动，帮母亲种地。我家虽穷得乡里闻名，但我母亲很有远见，支持我上学读书，只有读书才能有出路，脱离贫穷。

我记得在直塘镇上小学四年级时，因路远不能回家吃中午饭，又带不出饭，只能带点稀粥，有时常常连稀粥也没有，中午只好饿着，下午坚持听课。有一次班主任严世伦老师发现了，把我叫到他办公室，严老师问：作为一个学生应不应该说实话？答：应该。问：那我问你，今天你带饭了没有？答：没有。严老师说：你对老师的话应该不应该听？答：应该。严老师接着说，我给你两毛钱，你去买碗阳春面吃。我没法拒绝严老师的关怀，他激励着我更加努力读书！严老师对我的恩情，永世不忘。

随着年龄的增长，力气也大了些，小学六年级时我已经 15 岁了，已是半个劳动力了，可以在生产队劳动挣工分了。并兼职生产队会计，记录每个农民每天的出勤和工分。但是我不能辍学，不能误了读书，怎么办？我同老师说好，我只上语文和算术课，其余几门课我在劳动休息时看书自学。我记得，小学六年级下半学期期末，老师给我的报告单上记着：缺席 64 天，上课 50 天。但小学毕业考试时，我还考了个全班第二名。并且还考上了重点中学，即江苏省沙溪中学。

考上中学后，因为学校离家太远，必须住校，我母亲对我说，我是一分钱也拿不出来给你。怎么办呢？我有强烈的求知欲望，因为只有读书，才能改变贫穷的现状，我说：车到山前必有路！去了再说。

开学后，学校给了我甲等助学金，即每月给我 7 元 5 角钱，但是每月的伙食费是 8 元 4 角钱，还缺 9 角钱怎么办呢？那时穷的连几角钱都没有。现在的人是无法想象的。为了解决这 9 角钱的差额，每周六下午上完课我就回家，回家走九里地的时间，也不能浪费，边走边看书，对老师讲的课加深理解，加固记忆和背诵俄文单词。傍晚到家后就在家里吃，第二天参加生产队劳动，傍晚再走九里地回学校。每周三顿饭不在学校吃，一个月的 9 角钱的伙食费差额也就这样解决了。

我记得那时的食盐是 8 分钱一斤，因为我这个劳动力上学去了，家中扣除口粮后，分不到一分现金。因此连买盐的钱也没有，更不用说买食油了。读初二时，周六下午放学后，我寻思怎么才能想办法解决这买盐的钱。走着走着，见有的农民家，冬天对耕牛保暖做的很差，我就想能不能画一幅连环画：冬天牛棚四面通风不保暖，又给牛喝冷水，食料也差，导致牛瘦骨如柴，春天耕地时，因没有力气而倒在地上。听说投稿有稿费，我就画了几幅画，投到了县报报社了。虽然画得很差，但题材好，县报编辑部给我修改一下，登了出来，并给我寄来了 5 角钱的稿费，我很高兴，5 角钱能买好几斤盐呢！

通过这件事给了我一个很大的启发。人的本事是逼出来的，世上无难事，只怕有心人。

上初一时，我的成绩虽然还比较好，但因小学缺课太多，基础不及别的同学好，总觉得不如同学理解得快。初中二年级时，读了华罗庚的《聪明在于学习，天才在于勤奋》这本小册子，很受启发。华罗庚考高中时因代数不及格，而大受刺激。从此他发奋读书，别人用一小时，他用两小时，乃至 4 小时 8 小时，直到彻底搞清楚为止，因而他后来成了举世闻名的大数学家。只要功夫深，铁杆磨成针，从此，我更懂得充分利用时间的重要性。不仅走路边走、边学、边思考，就是在睡觉前洗脚时，我还故意提个问题让同室的同学一起讨论，分秒必争。

由于我学习成绩优秀，年龄又比同班同学大，从小就参加农业劳动，所以有一定的组织指挥能力，在高一时就担任了学生会付主席。有一天晚上邻近的棉花加工厂失火，我们都去救火，我冲在最前面，因已断电，没有看到水泥地面上有两米多深的坑，一下掉了进去，摔破了头皮和鼻子。由于急着指挥大家救火，竟然没感觉到自己受伤，直到一小时后火焰扑灭，我才发现自己血流到了脚背上。教导主任游尚俭老师还陪着我到医院，并得到了镇政府和棉花加工厂领导的看望和表彰。后来还被评为县的五好团员。我的一些先进事迹，教导付主任吴汝铭老师给拍了照，送到省会南京展览。

高二上学期时，前任学生会主席即将毕业而卸任，就由我来担任正主席，那时我的成绩除历史课外，门门都是 5 分，特别对物理有浓厚的兴趣，而我班的女同学钱某学习也非常好，对物理也很有兴趣，因此她常常到我坐的后排来讨论问题，日久生情，相互有了爱慕之心。她长得很漂亮，就引起了个别人的嫉妒，毕业时在我的毕业鉴定上，不仅没有写上一条优点，还写了三条污蔑不实之词，并建议只录取二类大学。真是用心良苦。

1959 年沙溪中学学生会与校领导

前排自左向右：游尚俭、蒋宪松、孙亚、吴汝铭、谈家琴

后排右二：梁俊才；右三：戴宝元

我们的蒋副校长是清华毕业的，他知道我成绩好，专门找我谈话，让我报考清华，他还说，胆大有将军做，来鼓励我。我说，我家太困难了，一贫如洗，我母亲盼我早点毕业，清华读 6 年太长了，最后蒋校长同意我考 5 年制的重点大学。

　　高考时，我们太仓、沙洲（张家港）、常熟三个县的高考生，都集中到常熟一中参加高考。那时条件太差，学校只租了一辆公共汽车，是很小的一辆，四个班的考生，挤得密不透风。那时正值夏天最热的时候，我站在窗户边开着窗，半个头露在窗外，车一开，风迎面吹来，还自以为得意。车走了 100 多里路，边出汗边吹，还感到很舒服。到了傍晚吃完饭，见大家热得直煽扇子，我却冷得几乎发抖，不好，重感冒发烧了。当时没有医生，又不知什么地方能买到药，又是傍晚，只好忍着。第二天上午眼睛烧的通红，有同学扶着我进的考场。第一门便是考数学，我都被烧得糊涂了，连开平方都忘了。出考场一对题，我只考了70分，我想完了，命该如此。12年寒窗苦付之东流，我不想考下去了。我们考生带队的是顾义传老师，他命令我：戴宝元，你只要能爬进考场，就得爬进去考！我听了顾老师的话，坚持三天考完了所有科目。估计我的平均成绩是80分。实际真是80分。

　　1962 年高考是解放后最难的，因为那年高三毕业生最多。而高校录取人数因经济困难时期而减少。录取率是历年最低的。高考回家的第二天，我就同农民一起上船去捲水草了。我准备当农民了。幸亏 62 年录取新生主要是看成绩，对于毕业鉴定几乎不考虑。不然我就被害苦了。

　　过了大概一个月，当第一批录取名单发榜公布时，就有我，录取的是北京矿业学院经济系，属五年制重点大学。

　　但我的艰难困苦求学路还没走完，考是考上了，可没有钱呀，不要说学杂费、伙食费，就连上北京的路费也没有啊。我母亲是一个富有远见的农妇，他坚决支持我上大学，帮我到处去借钱，但还不够，怎么办呢？我想到了自留地上有一棵桑树，直径有 20 公分粗，在我小舅舅帮助下，把它锯了下来，因当时购买力很低，整棵树没有人要，我又同小舅把它锯成每 40 多公分长一段。再用大斧头劈成柴。晒了半个月，我挑着一百多斤重的木材，走了三里多地，到附近的直塘镇上摆摊叫卖，卖了 4 元 5 角钱，终于凑够了。

1962 年 8 月 28 号由上海乘火车出发，走上了漫漫长长的大学之路。那时交通不发达，我凭录取通知书，买上了去北京的大学生专列的票。这是一辆临时加开的列车，车厢内挤满了人，我因到处借钱和卖柴凑路费，买票去晚了，买着的是无座票。车厢内拥挤得我只能一只脚踩实，另一只脚基本上腾空，累了就双脚对换一下位置。当时的火车都没有空调，热的令人窒息，身体弱的，热的快晕倒了。到了晚上，许多无座的已经坚持不住了，他们有的趴到行李架上躺着，好在那时都很穷，没多少行李。有的就钻在座位下躺着，因此终于腾出了一些地方，我才有机会双脚落地站得踏实了。

因为这是一列临时加开的大学生专列，所以几乎每个车站，不论大小都要停车，会让南来北往正点的列车通过后，才慢慢启动。速度很慢，这是一辆特慢列车，从上海到北京竟然走了五十六个小时，列车到天津南站时才下了一部分在天津或东北上学的学生，我才终于有了座位坐了下来。五十六个小时，我仅闭目养神了一段时间，没有睡觉，并一直站到天津，全靠我年轻时身体强壮才能坚持下来。

到了北京矿院报到后，吃了一点就去睡觉，但上床时鞋子却脱不下来了。原来由于站的时间太长，脚背已经肿的像馒头，差一点把鞋子撑破了。我除了吃饭就是睡觉，竟然一连睡了三天三夜！走完了艰苦漫长的求学路，终于到了北京。6 年的大学生活既幸福，但也心酸，幸亏我得到了 17 元 5 角的甲等助学金，才能完成学业。每月的伙食费是 15 元 5 角，还剩 2 元，我还要买机动粮，因为定粮 36 斤对我来说是吃不饱的，我从小在农村劳动，甚至在小学五六年级时，已经参加强体力劳动，如插秧、割麦、割稻，还挑过河泥，一百斤左右的河泥从河塘中挑出来，穿着草鞋在麦茬地里走，到地头倒掉后，再去挑，消耗体力很大，所以饭量也就大，养成了大饭量。36 斤的定量我是吃不饱的，我得买机动粮，每月至少要吃 45 斤粮，但还吃得不是很饱。幸亏当时班上有个女同学叫余红玉，她是大家闺秀，吃得很少，常把玉米面糊糊给我吃。有时吃肉，肉皮上带毛的她也不敢吃，就给我吃。我是多多益善，来者不拒。助学金多出来的 2 元，1 元 5 角买了机动粮，只剩 5 角，得好好计划，买牙膏、牙刷、笔、纸等，急用的先花。本想去天安门看看，因没有钱买公交车票，只好作罢。6 年的大学生活，穿衣怎么解决？衣服、袜子破了自己补，可时间长了，破了不能再补了，又没钱买，总不能光着身子吧。这全靠我母亲寄来的土布衣服。土布衣服是怎么做成的呢？现在的人不可想象。首先，我母亲到已采摘完棉花的地里去拾人家摘剩下的残余的次棉花，因为带黄色，也叫拾黄花。拾够了就去镇上用机器去棉籽，去掉棉籽后，就用弓弦弹，使弦震动，把棉花弹蓬松，再用小案板大小的木板搓成指头粗，约 15 公分长的的棉花条，接着就是用纺车纺线，右手摇转纺车，左手捏着棉花条子，扬起手臂，边纺边拉成线，一天要重复几百次，几千次，只要有时间就要纺线，大约纺了两个多月，我母亲的左臂常常酸痛得夜不能眠。当纺线全部纺好后，再去染色，染好后再上织布机开始织布。一天不停的穿梭织布，也不过织那么一、二尺长的布。织好后，再请裁缝师傅裁剪。裁好后我母亲再一针一针地缝成衣服。做成一件土布衣服，历尽了千辛万苦。

当我写到此处时，不由自主地失声痛哭，伟大的母亲啊，为我上学贡献了她毕生的精力。

假如没有国家给了我甲等助学金，就是我母亲再努力，肯定也是无法完成学业的，是人民用血汗养育了我，使一个穷人家的孩子成了大学生。

2021 年 7 月修改完毕

附件：

凤凰网历史频道对话文革红卫兵骨干戴宝元文字实录

采访整理：唐智诚

嘉宾简介：**戴宝元**，文化大革命开始时为北京矿业学院大四的学生，曾参与首都大专院校"红代会"的筹备过程，现为山西大同煤校退休教师。

戴宝元：虽然人家也说我是造反派的头，但我是红卫兵中的异类。文化大革命开始时，我是北京矿业学院的大四的学生，还有半年时间就要毕业。政治上的东西我比较还是懂一点，不像中学生认为越左越革命、越打砸抢越革命，我不同意。而且我比同年级的大学生还要大三岁，因为我在解放前读过私塾，私塾里面不学习数理化，就读《百家姓》、《千字文》、《论语》《孟子》这些书。解放后又从一年级开始读正规学校，所以耽误了三年。

凤凰历史：您的家庭出身是红五类吗？

戴宝元：我家里是贫农出身，但不算红五类，因为我父亲是国民党 19 路军的骑兵连的连长。我父亲被日本人打散了以后在当地打过游击，又当了几年伪保安团的队长。后来日本人想抓当地的新四军干部浦太福，他躲到我们家，我父亲保护过他，还给他送过情报。但被别人告发，然后被伪县长抓走杀了，那时离日本投降还有三个月。刚解放的时候，我们家被划为烈属。但解放后，我们县的第一任县长，就是我父亲保护过的人，他审查之后认为我父亲仅仅送过一般性的情报，还不够格当烈属。所以当时我不算红五类，因为我父亲有历史问题，但是也没有给我划为黑五类。

凤凰历史：您开始考大学的时候，有没有因为家庭出身受到影响？

戴宝元：我成绩是很好的，政审是凑合过关。文革初聂元梓的大字报出现后，我们班有人起哄写大字报，批院党委是修正主义，要打倒推翻，我不签字。因为我认为大字报没有实质内容，就是扣帽子、要打倒，这种方式不对。有什么意见可以提，不能随随便便把一个人打倒。

我就因为这个得罪了他们，那些红卫兵将近有四千人。他们说我对毛泽东的文化大革命不理解，要帮助我，实际上就是要批判我了。但我坚持我的主张，他们看批判不行就斗争，斗争不行就看管，看管不行就劳改，逐步升级。

我们北京矿业学院当时有 800 多个学生被打成反革命，我们要求得自身解放，只能自己也成立红卫兵，把他们的红卫兵推翻。所以我们胆子大的有七八个人，也成立红卫兵，叫"矿院东方红"。经过四个多月的艰苦努力，我们八百人把他们四千多人给瓦解了。这就靠我们正确的斗争策略，我们当然不能动手打，人家四千多人，我们七、八百人当然不可能靠打架起家，就是靠正确的策略把他们瓦解了。

我们掌握政权以后，我也斗过走资派，但是我没给别人坐喷气式，也没骂人打人。我是经济系的，我们系的党组织书记曾经说，经济系学生里 60%是右派，后来斗走资派的时候也斗了他。当时我发言说，某某，请你把语录本翻到第几页第几段。那一段是毛主席说世界上 90%以上的人民是革命的，让他念这一段。念完以后，我问他，你认为毛主席这个理论正确吗？他说正确。我说，请问你，经济系有 60%是右派，这句话您说过吗？拿您的话同毛主席这个语录对照对照，我们经济系的学生在中国共产党领导和培养 17 年后还有 60%的右派，但毛主席说世界上还有 90%以上的人民是革命的，你的话对吗？他回答：谬论！下面的人哈哈大笑，那我还把人家怎么呢？人家承认谬论了，我认为斗争应该文斗、讲理，以理服人。

首都大专院校红代会筹备难："三司"要当核心

戴宝元：在瓦解对立面红卫兵的过程中，大家感到我很有办法，起到很大的作用，就推举我当首都大专院校红卫兵第一司令部的司令。一司成立得最早，第一任司令是中共中央办公厅主任汪东兴的闺女汪延群。中央设想成立大专院校红代会，然后大专院校就帮着中学成立红代会，再帮着工人成立工代会，再帮着农民成立农代会，在四代会的基础上，再成立北京市革命委员会。这样就找我们三个司令部的头，要成立大专院校红代会。

筹备红代会是我一手操作的，很难。尤其是"三司"提出：成立大专红代会必须以"三司"为核心，他们的意思是说："三司"必须在红代会占主导地位。"一司"、"二司"就不干了，不同意以"三司"为核心！还要写进《红代会成立宣言》？他们就吵啊，吵了一个月都成立不了红代会。我知道把

"以三司为核心"写进《红代会成立宣言》的事情做过头了，我就想出个巧妙的解决办法。我说我同意，但是有一点，你要把"以三司为核心"写进《红代会成立宣言》，必须经过中央批准。我料到中央是不同意他这种提法的，只能借中央的手来打他的屁股，让他就范。

结果"一司""二司"的很多人都不理解，矿业大学那时正在开大会，他们就到大会上去骂我，说戴宝元是投降主义，同意以"三司"为核心。我对他们说，你们不懂，斗争不是靠嗓子，嗓门高就可以胜利，要靠讲究策略。我讲究策略，估计中央不会同意。我们把《红代会成立宣言》写好，就说为节约给中央同志看的时间，把其中的"以三司为核心"这句话拿红笔画好。用不了一个礼拜，中央肯定召集我们开会，因为当时的形势是全国看北京，北京看大专院校。开会肯定要问红代会筹备得怎么样了，你们马上举手，就说以"三司"为核心我们不同意，让中央首长看用红笔画上的以"三司为核心"的那段话。

结果全在我的意料之中。开会的时候，北京体育大学的张同喜就站起来，给中央看那段文字。周恩来、江青、陈伯达、康生全都在那，他们说，什么以三司为核心？革命的核心不是自封的，在长征路上张国焘成立伪中央，仗着自己山头大、兵马多，以我为核心，最后怎么样？一个小差就开到泥坑里面去了。当时，就把"以三司为核心"这句话批得体无完肤。第三司令部的头头一句话没吭，第二天就宣布红代会成立。常驻红代会筹备处的新华社记者说，还是戴宝元有办法，兵不血刃就把问题解决了。

红代会成立大会是 1967 年 3 月 22 号在北京人民大会堂召开的，周总理带队，中央文革小组的成员全来了。我领着周总理上台，说："大家欢迎周总理参加我们大会"。红代会成立的新闻、《红代会成立宣言》，给毛主席的致敬信、给全国红卫兵书、中央首长的讲话……《人民日报》两版全都登的是这个消息。后来新华社记者告诉我，我们当时的好朋友阿尔巴尼亚，他们两版全部照登，这是破天荒的事情。一个外国报纸把《人民日报》第一版、第二版两版全都照登是从来没有过的。

他们也很希望红卫兵团结起来，有个统一的组织，再也不要乱打、乱闹，互相闹矛盾。当时三个司令部互相闹矛盾闹得太厉害，有不同意见就互相打。不一定是武斗，贴大字报、辩论、打架什么都有。所以红代会成立是红卫兵史上的一个重大事件。北京大专院校红卫兵有个统一组织以后，接下来我们马上帮助中学成立中学红代会，帮助工人成立工代会，帮助农民成立农代会。这全都是大学红代会牵的头，因为大学生还是有办法，中学生比较小，不太懂事。

为让"五大领袖"进北京市革委会谢富治给我们做工作

戴宝元：红代会刚成立的时候，"五大领袖"没有在里面，主要是我在主持工作。他们认为红代会这个组织没有什么权力。他们要的是到处夺权、出风头。所以根本就没有参加这个红代会。"四代会"全部成立以后，就筹备成立北京市革委会。中央文革想把"五大领袖"塞进北京市革委会，因为他们名声大，他们的意见是聂元梓进北京市革委会当副主任，其他四个人当革委会常委。但是他们从哪儿来？他们还没有参加红代会呢。

　　后来中央文革就通知谢富治，给我们开会作动员工作，谢富治说：你们的红代会不是只有一个核心组，还没有选举核心组的组长吗？他说："根据中央文革的意见，'五大领袖'还是进入红代会比较好。你们不是还没有一个组长吗？中央的意见是，叫他们'五大领袖'当组长。"

　　到会的各大院校代表全部反对，大家觉得五大领袖没有资格当红代会核心组成员，他们根本瞧不起红代会，一天也没有来过，筹备的时候，都是我们全体自己努力的。当时我们红代会没有领导，日常工作都是我主持，因为解决三司要当核心的问题以后，一司、二司的人对我很钦佩，他们知道还是我有办法，所以我说话大家都听，同时我做事不搞派性，办事公道。

　　大家都不同意谢富治的意见，这时谢富治就被晾在那里了。但我要顾全大局。虽然我不是什么头，但是威信还比较高，说话大家都听。我就站起来发言："革命不是为了当官，我同意服从中央意见。"这一下大家就不吭气了，"五大领袖"就进入了红代会，又过了几天北京市革委会就成立了，聂元梓当了革委会副主任。

　　聂元梓进入红代会以后，当了红代会的核心组组长。红代会也搬到北京大学去了，办公地址就是北京大学的俄文楼，俄文楼过去是美国驻华大使司徒雷登的办公楼。后来我们住在那里，楼上楼下两层都是我们红代会的机构。聂元梓当红代会组长，实际上只是挂了个名，实际上没做什么工作。红代会在北京的工作都是我主持，上面有什么事要处理，比如红卫兵的内部纠纷、筹备国庆、抓革命促生产、接待内外宾客等等，不找其他人，都找我。

"天地派"的始作俑者就是我

戴宝元：自"五大领袖"进入红代会以后，五大领袖在红代会核心组里分了三派：聂元梓单独一派，蒯大富和韩爱晶一派，谭厚兰和王大宾一派，三派打得不亦乐乎，到处贴大字报，甚至于人身攻击。因为聂元梓曾经嫁过两次，开大会的时候，就在北京大学大礼堂台上吊一只鞋子，来骂她是破鞋。北大的学生稍微文明一点，反过来骂谭厚兰是谭厚脸。说谭厚脸的脸有多厚？一亿万光年。是物理系的学生发明的。

我特别反感斗争中这种下流动作，低级、庸俗。当时聂元梓单独是一派，她的处境很不好。我很同情她，我说："聂元梓，你们三派在北京高教问题上，你已经被孤立了。你和蒯大富矛盾小，你有没有意向同他联合？你要有意的话，我给你撮合联合起来，不受谭厚兰、王大宾的气，他们太不象话。"并不是说"五大领袖"都听我的，或者我在他们中威信多高。而是因为我看准了事情发展的必然结果：他们三派斗得谁也战胜不了谁的时候，都感觉到自己力量薄弱，就都想找朋友，那么时机就成熟了，撮合他们联合也有基础。

结果我一串通，聂元梓和蒯大富就在清华开联合会了，这样聂元梓同蒯大富、韩爱晶就联合成了一派，谭厚兰同王大宾一派，红代会"五大领袖"从三派变成了两派，"天地派"的始作俑者就是我。为什么叫"天地派"呢？这边有个航空航天大学，那边有个地质大学，那边叫"地派"，这边叫"天派"。

他们联合的时间不长，后来有人向周总理汇报，说是戴宝元撮合的。在人民大会堂开会的时候，周总理对我说："戴宝元，你知道不知道，清华同北大他们，开了一个派会。"我说：

"我知道"，我绝对不说假话。周总理接着问："戴宝元你是哪里人？"我说："江苏太仓人。"周总理没有明确批评，他说得很委婉，但是我知道他是在批评我了，这是唯一一次首长批评我。

制止红卫兵的第三次大串联

凤凰历史：您在红代会里，主要做过些什么事？

戴宝元：比如 1967 年国庆的时候，是我组织了 100 万人的游行队伍，我是副总指挥。周恩来是筹备组组长，我是组员。

在红代会做的事情中，我有一件事很重要。67 年底 68 年初的时候，清华北大带头，要红卫兵搞全国的第三次大串联。但是当时中央的政策是要复课闹革命，工人农民要抓革命促生产，不能再乱了。那个时候乱到什么地步？全国的煤炭产量只有二十几万吨。这是什么概念？当时全国一天的煤炭用量就是80 多万吨，连煤炭部的下属单位，我们矿院的澡堂都关门，我们都要拿着衣服跑到煤炭部去洗澡，真的狼狈。

经济几乎崩溃，天津大批工厂关门，周总理操心这个事。要是经济崩溃了，毛泽东怪罪下来，周总理问谁去？所以在人民大会堂开会的时候，周总理说我们要抓革命促生产，要学生复课闹革命。我就给周总理写了个纸条，意思大概就是：清华北大带头搞第三次大串联，全国看北京，北京大专院校看清华北大，他们要当了带头羊，那可了不得，要赶快制止。当然周总理比我知道得多，开完会周总理就说："谢富治（他是北京市革委会主任）、聂元梓（她是红代会主任）、戴宝元（我是管家，我是核心组成员），会后你们去北京站清理一下，北京站有13 列火车堵死了。"

这是什么情况呢？那些火车连卫生间都坐满人了，全塞满了红卫兵。这些火车不仅不能出去大串联，就是开出去都要出大事故。因为没有水喝，不能上厕所，那还不是要发生严重事故？人命关天的事。结果谢富治、聂元梓讲完话，都没人听，我还领了几个红卫兵，保护他们赶快退场。退出来以后，我在北京站广播室广播周总理讲话精神，是复课闹革命，连续广播了三次，没人听。

我就打电话给卫戍区司令傅崇碧，我说："傅司令，人民大会堂开会时，周总理催促清理北京站。今天咱们配合一下，你派一个团把北京站包围起来，全部上刺刀，枪口朝外，只准出不准进，里边由我来处理。"他说好。我又一个电话打到体育大学，说要 2000 个红卫兵，全部是男的，一律带上袖章，立即到北京站报到，他们马上就来了。体育大学的学生身强力壮，我要用红卫兵来治红卫兵啊。

我这个人的特点是讲究政策，我告诉体育大学的红卫兵要先礼后兵，首先要宣传周总理讲话和中央精神，复课闹革命，不要出去串联；第二要动员旅客，让真正的旅客知道，为什么他们走不了？因为红卫兵想搞第三次大串联。如果有人不听，你们就一个个往外拉。他们是三三两两，你们是清一色的体育大学的，又是男同学，身强力壮，如果谁敢动手，你不能手软，坚决打出去。但是千万别打伤，我们绝对不是来打人的。到凌晨四点，花了五六个小时，13 列火车全部清理完毕。第二天，13 列火车开动了，我也没有向周总理请功，我不好大喜功，也不想谋求什么位子。

凤凰历史：当时的中央如果想组织红卫兵做一些什么活动，是不是必须要通过红代会？

戴宝元：对，必须通过红代会。

毛主席批示我的建议：办学习班是个好办法

凤凰历史：红代会对下属的红卫兵组织有多强的约束力，能管得住吗？

戴宝元：我一直说红代会是联合国：场面上的事都是红代会出面，但他们不听你的也没办法。比如红代会没有派过一兵一卒到全国各地去串联，但是有的人自己打了红代会旗号，临时组织人去串联，这是有的，也没办法。

67 年四五月份，红卫兵的权力大得了不得，有人轻飘飘的，谁的话都不听。我看这个情况不好，红卫兵要走向反面，我认为什么事情做过头了就要走向反面。咱们中国不是讲中庸之道吗？我当时给中央写了一封信，我说红卫兵的权力已经达到了登峰造极的地步，他们自以为权位很高，想干什么就干什么，连周总理说话都不听。我说这样很危险，为了文化大革命胜利进行，为了防止大批红卫兵小将犯错误，我建议从中央开始逐级往下办学习班，以统一思想、统一认识、统一行动。中央看了我的信，觉得写得很好，给了毛主席看。毛主席看后批示：办学习班是个好办法，人民日报头版头条登了。

不抱粗腿不参与"黑手"：叶群曾暗示欲留家庭电话

戴宝元：67 年 5 月 1 号，在天安门城楼上我和叶群唠叨了几句，我说："叶群同志你在我们公社搞过四清"？她说："你是哪个大队的？"我说："我家是迷泾大队的。"她是在洪泾大队搞过四清的。

过了一个多月，周总理带队在北京西郊机场接见外宾，我们就跟着周总理绕场一圈。机场一圈两边的中学生拿着语录本，喊着"欢迎，欢迎，热烈欢迎。"我们就绕着机场转了一圈，此时，我听见韩爱晶对叶群说："叶群同志，林副主席身体健康吧？"我心里想："呵，这家伙会干，会拍马屁。我们当时是很单纯的学生，不会拍。叶群怎么回答呢？搞政治的人都明白，叶群说："毛主席身体非常非常健康，红光满面。"我心里想，你也会说，你几时看见毛主席了。谢富治比你官大多了，人家是公安部部长、国务院副总理、北京市市长，他要见到一次毛主席高兴得不得了。他接见我们的时候，就得意忘形地说："昨天，我又见到了伟大领袖毛主席"。所以叶群所说的"红光满面"，全是政治术语。

叶群刚说完，回头一看，见了我，对我说："戴宝元你也来了？"我发现这都是人才啊，我们就在天安门城楼聊过十几分钟，一个多月过去了，还记得住我的名字。因为我不像五大领袖那么出名，名字那么好记。我说我来了。她马上说："你有什么事给我家里打电话。"意思是叫我向她要她家里的电话号码，不给我电话号码让我怎么打，这是明摆着的事。但是我脑子很快转了一下，没必要。因为我们经常在人民大会堂开会，会场上没有一个人胡说八道，不然马上就会被抓住，明天就成阶下囚。会上说的都是正确的，黑话都是在会后说，小道消息，捅你去干什么，这些下面"黑手"的事情，我不参与。我当时就说"好好好"来搪塞，我不愿意要，要了就是抱林彪大腿。林彪是接班人、副统帅，这家伙以后了不得。但我没有这个野心。

凤凰历史：红代会大概存在了多长时间？

戴宝元：我是 1968 年 10 月份走的，走了以后还存在了一段，实际上可能还一直存在到 70 年代。

后来全国审查"五一六分子"，"五大领袖"被判了 17 年，我也被调查了。但内查外调了两年，"五一六分子"的十五大罪状：打、砸、抢、破坏革委会、抓军内一小撮、冲击京西宾馆、包围中南海、火烧英代办等等，我一个不犯。我说发现我有一个罪状，我愿加倍地惩罚，别人判一年，判我两年，我自己立军令状。当年十万人包围中南海，几大头头都去过，就我老戴没去过。那天晚上两派打起来了，我骑自行车到人民大会堂开会，人家都有秘书、手枪，我啥也没有。我路过中南海周围的时候，故意不下车。有人动员我说：老戴，咱们去看看？我说我不去。不去的原因就是，我说服不了他们不武斗，他们已经打红眼了。第二个武斗场里乱得很，打死了都是白死。所以我不参与。就我一个人没去，其他人都去了。我头脑很清楚，看都不去看。

专案组调查完毕后，对我说，大家都反映："当时我们骂戴宝元不像造反派，今天看起来他做的对。"这就是最后结论。因此，我很快就入了党。当然我那么大年纪，入党不是为了当官，是证明我的清白。后来时任大同矿务局书记，现在的内蒙古党委书记王君，很了解我，知道我很正直，很能干，并且在文革中大错误一件不犯，很不容易，想提拔我。我说："这么大年龄不当了。"当时 40 多岁当官还不是太晚，我不愿意当。当清官难，我婉言拒绝了。还是当我的大学教师吧。

作者简介

　　戴宝元，1939 年生，江苏太仓人，大学文化，山西大同煤校经济科高级讲师，山西省统计学会会员，中国矿山学会会员，中国管理科学院营销研究所客座研究员。主要编著有《统计学原理》（简明实用本，东方出版社出版）、《煤炭企业管理》（中专教材）。主要论文：《回归分析在煤矿企业中的应用》刊于《山西统计》创刊号。《平均先进还是平均后进好－论劳动定额的制定水平》刊于《煤炭经济研究》、《煤炭企业管理》等刊物。